중국을 뒤흔든
불멸의 여인들
중국 역사상의 10대 여성 ②

중국을 뒤흔든 불멸의 여인들

중국 역사상의 10대 여성 ②

장숙연 지음
이덕모 옮김

책머리에 ──────────────────────────

  어떤 역사적인 인물은 그들의 경력, 성취, 언행과 심지어는 기호와 취미까지 역사학자들의 연구대상일 뿐 아니라, 보통 사람들이 차를 마시고 밥을 먹으면서 한담하거나, 관심을 가지는 대상이 되기도 한다.
  그들의 이미지는 역사적인 저작이나, 소설, 시가詩歌 심지어는 길거리의 소식지에도 반복해서 나타나고 있다. 이 또한 이러한 역사적인 인물들의 이미지가 가진 장구한 생명력과 광범한 흡인력을 반영하고 있다.
  현재 시중에 역사적인 인물에 대한 서적은 매우 많아서 심지어는 소가 땀을 흘리며 실어 날라 건물을 꽉꽉 채울汗牛充棟 양이라고 할 수 있을 정도이다. 어떤 책은 역사적인 인물의 일생에 대해서 깊이 있고 상세한 설명을 하며 어떤 책들은 중대한 역사적인 사건을 기술하면서 관계된 역사적인 인물에 대해 세밀하게 묘사하고 있다. 이런 책 중에는 정사正史로서의 기록과 흥미 위주로 읽게 쓴 책 등 문장의 형식과 문체가 다종다양하다.
  그러나 정사와 흥미 위주의 서술을 비교적 조화롭게 결합하여 서술한 책은 뜻밖에도 매우 적은데 반해, 상당수의 독자들은 역사적인 인물의 고사를 읽음으로써 일정한 역사적인 지식을 얻는 동시에 소설을 읽는 재미를 누리고자 하고 있음을 우리는 발견했다.

그래서 우리는 역사적으로 널리 이야기가 전해져 오는 인물들을 골라서, 그들의 전설적인 행적과 삶의 기록을 역사적인 사실에 부합하게 예술적으로 표현하고자 했다. 우리가 하고자 하는 것은 역사적인 안목으로 바라보며, 예술적인 수법으로 표현하는 것이다. 따라서 여기의 역사적인 인물들에 대한 우리들의 묘사는 사건의 줄거리에 있어서는 완전히 역사적인 사실에 부합하나, 세부적인 서술에서 약간의 상상을 더하여, 독자들로 하여금 역사적인 사실의 편린을 지식으로 흡수하면서, 동시에 독서하는 즐거움을 누릴 수 있도록 하였다.

이 총서叢書의 또 다른 특징은 우리가 여기의 역사적인 인물에 대해서, 끝없이 상세하게 묘사한 것이 아니라, 그들의 생애에서 가장 대표적인 몇 가지 사건을 골라서 기술하였다는 것이다. 그러므로 우리의 책에서 각개의 역사적인 인물에 대한 편집은 상당히 제한되는 바, 독자들이 최대한 짧게 축약된 책으로부터 최대한 많은 내용을 섭취함으로써, 귀중한 시간을 절약할 수 있기를 바란다. 이 총서는 편집의 폭은 크지 않지만, 독자들이 이 책을 읽으면서 다른 두터운 책을 읽는 것과 마찬가지로 역사적인 인물에 대하여 기본적인 지식을 모두 섭취할 수 있을 것이라고 말할 수 있다.

당 태종唐太宗은 말했다. "구리로 거울을 만들어 보면 의관을 바로 잡을 수 있고, 사람을 거울삼아 보면 득실을 알 수 있고, 역사를 거울삼아 보면 흥망성쇠를 밝힐 수 있다以銅爲鏡, 可以正衣冠; 以人爲鏡, 可以知得失; 以史爲鏡, 可以明興替."라고.

이 책에 나타난 인물들은 모두가 선명한 개성과 독특한 인생을 살았으며, 비록 "전형적인 환경 속의 전형적인 인물典型的環境中的典型的人物"이지만, 그래도 얼마간은 인간성의 공통된 특질을 보이고 있다. 그들의 신상에서 얻을 수 있는 경험과 교훈은 일개 국가를 다스리는 그런 큰일만이 아니라, 기업을 관리하고, 사람을 접대하며, 동료나 친구들과의 관계를 처리하고, 가정의 갈등을 해결하는 등 일상의 작은 일에 이르기까지 모두 참고가 되고 귀감이 된다. 그러므로 우리는 독자들이 이 일련의 총서를 읽는 과정에서 유명한 고사들이 여러분들에게 가져다줄 재미를 맛봄과 동시에, 스스로의 사고를 통하여 인생과 처세의 계시를 얻을 수 있기를 희망한다.

이 책을 편집함에 있어서 많은 저작과 논문 등 자료를 참고하였는데, 여기에서 그 저자들에게 충심으로 감사의 말씀을 드린다.

저자 장숙연

차례

책머리에 __ 5

■ **무측천**

말을 길들인 미인 ▶媚娘馴馬 .: 15

미낭의 두 번째 혼인 ▶媚娘的第二次婚姻 .: 20

오이가 익어 떨어져 가다 - 황후로부터 황제까지
▶瓜熟子離離 - 從皇后到皇帝 .: 27

재상의 잘못 ▶宰相之错 .: 37

그대 독에 들어가시게 ▶請君入瓮 .: 41

오왕정변 - 황제에서 다시 황후로 ▶五王政變-从皇帝再到皇后 .: 46

■ **양귀비**

양씨집안에 막 꽃처럼 피어나는 여자 아이가 있다
▶楊家有女初長成 .: 61

당 현종과 양귀비 - 천륜을 어지럽힌 사랑 ▶亂倫之愛 .: 68

삼천총애를 한 몸에 받다 ▶三千寵愛集于一身 .: 78

귀비가 취하다 - 첩 양옥환 ▶貴妃醉酒 .: 90

양귀비와 안록산 - 스캔들의 모자 ▶楊玉環與安祿山 .: 97

안사의 난 - 초췌해진 홍안 ▶安史之亂 .: 107

소태후

어린 시절 소태후 ▶ 少年蕭太后 .: 115

임금의 명은 어길 수 없으니 ▶ 君命難違 .: 119

수절과부 ▶ 守寡 .: 127

재개된 인연 ▶ 再續前緣 .: 131

현명한 여자 군주 소태후 ▶ 賢明女主蕭太后 .: 136

전연의 동맹 ▶ 澶淵之盟 .: 139

소씨 세 자매 ▶ 賢明女主蕭太后 .: 145

원만한 후사 ▶ 圓滿的后事 .: 150

진원원

진씨 집 외떨어진 딸 ▶ 陳家有女在水一方 .: 155

혼변 ▶ 婚變 .: 163

황제에게 받쳐지다 ▶ 獻給皇帝 .: 170

오삼계와의 만남 ▶ 再見吳三桂 .: 176

꿈은 깨어지고 경성은 화염에 휩싸이다 ▶ 夢斷京華 .: 183

화가 치밀어 관을 찌르고, 얼굴이 시뻘게지다 ▶ 沖冠一怒爲紅顏 .: 188

■ 자희

귀비가 되는 영예를 누리다 ▶ 英爲貴妃 .: 197

수렴청정 ▶ 垂簾聽政 .: 203

이차 수렴청정 ▶ 二次垂簾 .: 211

소년 광서 ▶ 少年光緖 .: 216

자안의 죽음 ▶ 慈安之死 .: 221

자희와 진비 ▶ 慈禧與珍妃 .: 228

자희의 죽음 ▶ 慈禧之死 .: 234

역자 후기 __ 239

1권 차 례

■ 달기
정으로 정해진 삼생 ▶情定三生 / 꿈을 안고 가다 ▶恢夢而來 / 조가의 꿈은 깨어지고 ▶夢斷朝歌 / 사갈 여인 ▶蛇蝎女人 / 혹형 ▶酷刑 / 목야의 싸움에서 향은 다하고 옥은 깨어지다 ▶牧野之戰 香消玉殞

■ 서시
회계의 전투와 망국의 치욕 ▶會稽之戰亡國之恥 / 멸오칠계 ▶滅吳七計 / 토성에서 훈련을 받다 ▶土城受訓 / 서시 오나라로 가다 ▶西施入吳 / 오자서 죽다 ▶伍子胥之死 / 원수를 갚고 설욕한 후 오호에 은거하다 ▶復讐雪恥·歸隱五湖

■ 여후
귀한 집 딸이 잘못 유방에게 시집가다 ▶下嫁劉邦 / 남편을 도우며 아들을 가르치다 ▶相扶敎子 / 난세의 처 ▶亂世之妻 / 태자폐립을 둘러싼 투쟁 ▶廢入太子之爭 / 닭을 죽여서 원숭이를 제어하다 ▶殺鷄儆猴 / 여후 집권하다 ▶呂后當政 / 여후의 복수 ▶呂后的復仇 / 여후의 죽음 ▶呂后之死

■ 왕소군
흉노로부터 온 사위 ▶來自匈奴的女婿 / 심궁원녀 ▶深宮怨女 / 자청하여 대사막으로 가다 ▶自請去大漠 / 대사막으로 가다 ▶大漢之行 / 마음은 고향에 ▶心系故鄕 / 모자 간의 사랑 ▶母子之戀 / 소군의 죽음 ▶昭君之死

■ 문성공주
문성공주의 신상에 대한 수수께끼 ▶文成公主身世之迷 / 찬보의 구혼 ▶贊普的求婚 / 문성공주 티베트에 들어가다 ▶文成公主入藏 / 뿌달라궁에 오니, 바로 나의 집에 온 것이다 ▶來到布達拉, 來到我的家 / 문성공주와 척존공주 ▶文成公主 VS 尺尊公主 / 속세 인연의 끝 ▶尘緣的尽头

무측천

그녀는 일찍이 당 태종 이세민의 유첩(幼妾)이었다가 당 고종 이치의 황후가 되었다. 그녀는 당 고종을 도와 군국대사를 30년간 보좌한 후 황위에 올라 스스로 성신황제(聖神皇帝)라 칭하고, 국호를 "주(周)"라 고쳤으니, 중국 역사상 공전절후의 유일한 여자황제이다. 그녀는 정관의 치를 계승하여 태평성대를 열었으니, 일생의 공과는 후세 사람의 평(評)에 맡기자.

－무측천(624~705)

무측천
武則天

말을 길들인 미인 : 媚娘馴馬

그녀는 출중한 용모와 절세의 재능이 있었으며 그 위에 남자 같은 패기와 음모술수까지 갖추어, 즉위한 때로부터 대체 어떤 역사적인 인물인지 논쟁이 끊이지 않고 있다.

정관* 연간에 어떤 공부상서의 14세 된 딸이 용모가 아름답기로 조정에 소문이 나 거의 40세가 된 당 태종의 주의를 끌었고, 당 태종은 그녀를 입궁시켜서 무미武媚라는 칭호를 내렸으니 사람들은 그녀를 미낭媚娘**이라 불렀다.

---

* 貞觀: 당 태종 이세민의 시호로 그의 치세를 흔히 정관의 치(治)라 하여 치국을 잘해서 태평성대를 이룬 대표적인 치세로 꼽는다.

무미낭은 624년 산서성山西 문수文水에서 태어났는데, 그 부친은 원래 목재상인으로 일찍이 당 고조 이연에 의탁하여 당 왕조의 건립에 공을 세워, 이후 공부상서工部尚書에 임명되었다. 모친 양씨는 명문 출신으로 그녀의 부친 양달楊達은 수隋 왕조의 재상宰相이었다. 당의 수도에서도 고관귀족 집안이었던 것이다.

무측천은 9세 때 아버지를 여의고 어머니와 서로 의지하며 살았는데, 아버지의 이복동생들로부터 업신여김을 당하였고, 생활은 궁핍해져 갔다.

그러던 중 입궁하라는 명을 받자 무측천은 매우 기뻐했다. 이것은 따사롭지 못한 집을 떠날 좋은 기회이며, 이로써 오빠들로부터 멸시당하던 역경에서 벗어날 수 있다고 생각했던 것이다. 그러나 봉건사회에서 여자가 입궁한다는 것은 평생 세상을 등진다는 것을 뜻하였다. 집을 떠날 때, 궁정의 권력 투쟁을 잘 알고 있던 어머니 양씨는 통곡하였으나 무미낭은 오히려 아주 소신 있게 어머니를 위로하며 "내가 궁에 들어가 천자를 보게 된 것은 행운인데 어머니는 왜 슬퍼하는 것인지요?"라고 말했다.

그러나 무미낭이 한없이 동경하던 구중궁궐 생활이 그녀에게 편안하고 만족스런 삶을 가져온 것은 아니었으니, 정관 말년의 한 사건은 하마터면 그녀의 생명조차 보존하기 어렵게 했다.

정관말년에 태백성* 이 늘 대낮에 나타난 일이 있었다. 이날 황제

** 娘 : 오늘날 젊은 또는 미혼의 아가씨에 대한 호칭으로 쓰이나, 고대에는 귀한 여자에 대한 존칭으로 마님의 의미로 쓰였으며 흔히 娘娘이라고 했다.

가 대신들에게 이것이 어찌된 연고인지 물었다.

태사太史가 곰곰이 생각하더니 말했다. "폐하, 이건 여자가 주도한다는 조짐입니다. 즉 여자가 천하를 장악해서 통치하게 된다는 전조입니다."

당시 민간에서도 이상한 말이 떠돌았으니, 당의 세 명 황제 다음에는 무씨 성을 가진 여자 황제가 천하를 통치한다는 것이었다. 이리하여 당 태종은 자기 사후의 정국에 대해 이것저것 생각하게 되었으며, 자신이 이룩한 강산이 이로 인해 무너져 내리는 것이 아닌가 걱정하게 되었다.

태사령太史令 이순풍李淳風은 이어서 말했다. "소신이 짐작컨대 이 여인은 현재 바로 궁중에 있습니다."

당 태종은 대경실색하여 바로 말했다. "빨리 가서 이 여자가 누군지 조사해서 바로 잡아 와서 죽여라."

그러나 이순풍은 또 말했다. "이는 하늘의 뜻으로 인력으로 좌우할 수 없습니다. 게다가 폐하께서 지금 행동하시면 이 여인을 놀라게 해서 그녀로 하여금 잠시 몸을 낮추어 숨기다가 이후 더욱 큰 풍파를 일으키게 할 것입니다."

태종은 생각 끝에 그 말이 일리가 있다고 생각되어 잠시 이 생각을 접어 두기로 하였으니, 무측천은 비로소 운 좋게 위난을 면하게 되었다.

미낭은 궁에 들어간 후 재인**에 임명되었으니, 재인은 황제의 처

---

* 太白星 : 금성, 즉 샛별을 뜻한다.
** 才人 : 궁중 여관의 관명으로 공주가 독서할 때 서문을 지도했다.

첩 중 한 명으로 황후, 4비妃, 9빈嬪 아래 위치하여 그 지위가 비교적 낮았다. 당시 문벌을 중시하는 사회에서 목재상 집안 출신인 무미낭은 빈한한 것으로 보일 수밖에 없었다. 궁중에서 황후, 4비, 9빈은 고귀한 가문과 황제의 총애를 등에 없고 늘 그녀를 놀리고 업신여겼다. 이렇게 엄격하고 가혹한 궁중의 생활은 무미낭을 강하고 치열한 성격으로 키워 갔다.

전하는 바로 당 태종에게는 한필의 사나운 말이 있어 사자총狮子聪이라 불렀는데, 성질이 포악하고 급해서 좀처럼 길들일 수 없었다. 어느 날 황궁 정원에 한 무리의 문무대신들이 모여 있을 때 태종이 모두에게 물었다. "경들 중 누가 저 말을 다룰 수 있겠는가?"

모두들 서로 보기만 할 뿐 누구도 감히 대답하지 못하였다.

이때 무미낭이 무리를 헤치고 나와서 말을 길들이겠다고 황제에게 청하였다.

모두가 호기심이 일었고, 황제는 물었다. "너에게 어떤 방법이 있는가?"

미낭이 말했다. "신첩은 다만 세 가지 물건이 필요할 뿐이니, 첫째는 철편이며, 둘째는 철추이며, 셋째는 비수입니다. 우선 철편으로 말을 때리고, 듣지 않으면 철추로 머리를 칠 것이며, 그래도 듣지 않으면 비수로 말의 목을 잘라 버릴 것입니다." 태종이 보기에 무미낭의 기개가 사나운 말을 압도하니, 저도 모르게 크게 칭찬하고 상을 내렸다.

649년 태종이 승하함에 당조의 제도에 따라 미낭과 기타 출산한 일이 없는 궁녀들은 모두 감업사感業寺로 보내져서 삭발하고 여승이 되어 그곳에서 나머지 반생을 보내게 되었으니, 그 때 무미낭의 나이는 26세였다.

당조 초기에 사회적 지위는 사족士族과 서민庶族으로 양분되었으며, 사족은 문벌이 서민 위에 있었다. 무미낭은 서민 출신으로 당시 사회에서 그 지위가 미미하였으며, 이로 인해 무미낭은 사교계에서 늘 홀대 받았다. 그녀는 비록 상류사회 가정 출신은 아니지만 그녀의 아버지는 그래도 3품 고관이었다. 두드러진 권세와 호화롭고 사치스런 생활은 무미낭으로 하여금 권력에 대해 무한한 욕망을 갖게 하였다. 이러한 욕망과 젊은 시절 무미낭이 처한 현실의 차이는 그녀를 강렬하게 자극하였으며, 최고 권력을 추구하여 움켜지고, 이로써 나만을 따르라는 식의 욕망을 채우기 위해서 그녀에게는 냉혹하면서 수단을 가리지 않고 모든 것을 보복하는 심사가 내면의 기초로 자리 잡게 되었다.

이점은 그녀가 이후 정치를 좇고, 일련의 정치투쟁을 하는 중에 두드러지게 나타나서 그녀의 수양, 인품과 덕성, 성격과 심리의 근원이 되었다.

미낭의 두 번째 혼인 : 媚娘的第二次婚姻

당 태종이 죽은 후 태자 이치李治가 제위를 이어받았으니, 곧 당 고종이다. 1년이 지나서 고종은 선부先父의 영혼이 극락세계로 가도록 태종의 기일에 감업사를 찾아가 향을 올렸다.

그곳에서 무미낭을 만나게 되었는데, 두 사람은 모두 눈물이 흐름을 금치 못하였다.

원래 이치는 아직 태자 시절에 병중의 부친을 시봉하러 갔던 관계로 부친 곁에서 시봉하던 자신보다 4살 많은 무측천을 볼 기회가 있었다. 이치는 무측천의 미모와 정감 어린 눈빛에 매료되고, 그 총명 발랄함에 동하여 한번 보고 저도 모르게 반하여 바로 몰래 만나게 되었다. 무측천이 감업사로 보내진 다음, 이치는 내내 그녀를 잊지 못했으나 막 제위를 계승한 때라 그녀를 만날 기회가 없었던 것이다. 이때의 재회가 옛정을 불러일으키니 두 사람은 슬픔이 가슴속으로부터 우러나는 것을 금할 수 없었다. 자신의 사모하는 정을 표하고자, 무미낭은 몰래 이치에게 한 수의 시를 보냈다.

看朱成碧思纷纷,	빨간 색을 푸른색으로 잘못 보니 만감이 교차하네
憔悴支离为忆君.	초췌하고 산란함은 님을 잊지 못하기 때문일지니.
不信比来常下泪,	근래 늘 눈물을 흘리노니 님이 믿지 못하시면,
开箱验取石榴裙.	상자를 열어 석류치마를 살펴보세요.

이 시는 〈여의낭如意娘〉이라 불린다. 대강의 뜻은 아래와 같다. 내

가 원래 입었던 붉은색 석류치마를 푸른색으로 잘못 본 것은 님을 잊지 못해 늘 눈물이 흘러 눈앞이 흐릿하여 색깔조차 바로 보지 못했기 때문이며, 당신을 생각하느라 나는 너무 초췌해졌어요. 내가 흘린 눈물은 석류치마에 떨어져 이를 적셨으나, 나는 당신이 믿는지 못 믿는지 알 수가 없네요. 다시 우리 만날 날이 있다면 와서 상자를 열고 석류치마를 살펴보세요 그 위에 점점이 떨어진 눈물 흔적은 나의 당신에 대한 그리움을 설명할 것이에요.

이 시의 사실적 묘사는 매우 마음을 사로잡아 말로 도저히 표현할 수 없었으며, 깊은 한이 처절한 아름다움으로 표현되어 있었다.

그러나 이때 이치는 아직 무측천을 궁으로 불러들일 적당한 구실이 없어, 당분간 감업사에 머물게 할 수밖에 없었다.

황제와 무측천이 몰래 만난 사실이 궁중에 소문이 났다. 당시 왕씨 황후는 소숙비蕭淑妃와 황제의 총애를 다투던 중이라 이 사실을 듣고는 무미낭을 이용해 소숙비를 제거할 생각을 했다.

황후는 몰래 명령을 내려서 무미낭으로 하여금 아름다운 머리를 다시 기르게 하고, 한편으로 고종에게 그녀를 후궁으로 들이도록 권했다. 무미낭을 사모하던 고종이 즐겁게 이를 따랐음은 물론이다.

이리하여 일찍이 당 태종의 절세가인 후궁이던 무미낭은 몸 한번 흔들어 고종의 새 부인으로 변신했다.*

왕황후는 서위대장 왕사정의 현손녀로서 명문 출신이며, 그녀의 할

---

* 搖身一變: 둔갑술, 요술 등에서 몸을 흔들면서 재주를 부려 형태를 바꾸는 것을 말한다.

머니는 동안공주였으니 곧 당 고조 이연의 여동생이었다. 동안공주가 왕황후를 당 태종에게 추천했을 때 태종은 매우 기뻐하여 바로 그녀를 이치의 비로 봉했다. 왕황후는 종래 아이를 낳지 못하여 소숙비가 황제의 은총을 받게 되자, 이를 심히 질투하여 고종으로 하여금 무미낭을 불러들이게 하여 그녀와 황제의 총애를 다투게 한 것이다. 계책을 짜느라 공을 들이던 무미낭은 바로 이 조건을 이용한 것이다.

미낭은 성격이 강하고 온순하지 않으나, 궁에 들어온 후에는 모든 것을 참고 양보하며, 겸손하고, 예의 바르게 행동하여 황후의 신임을 얻었다. 왕황후는 겉치레를 극히 좋아하는 사람인데, 무미낭은 황후의 이런 점을 간파하여 그녀를 만날 때마다 극도로 공경하며, 머리조차 감히 들지 아니하였다.

그러자 황후는 그녀가 진실로 자신에게 복속하는 것으로 생각하여 황제 앞에서 그녀를 정도 이상으로 치켜세웠다.

하루는 황제가 황후에게 묻기를 "무미낭은 용모가 아름다울 뿐 아니라 재주도 있소. 내가 보기에 그녀를 소의照儀로 봉하면 좋을 것 같은데, 황후의 생각은 어떠하오?"라고 했다.

황후는 생각했다. "무씨가 나에게 이렇게 공손하고 순종하니 두 마음이 있을 리 없지." 그래서 바로 응낙했다.

다음날 고종은 과연 조상에 고하고서 무씨와 절하며, 그녀를 소의로 삼았다. 소의는 9빈 중 우두머리의 자리이니, 지위는 아직도 황후와 4비*의 다음이었다. 다시 말하면 무미낭의 현재 지위는 황후와 소숙비의 다음인 것이다.

무소의가 궁에 들어온 후 소숙비는 점차 냉대를 받더니 머지않아 무소의가 아이를 낳자, 이후 소숙비의 지위는 매번 더욱 낮아져 갔다. 소숙비는 심사가 매우 불편했으나 아무런 방법이 없었다. 오래지 않아 무소의는 왕황후와 손을 잡고 소숙비를 모해하여 결국 그녀를 평민으로 강등시켜 버렸다.

황제의 아들을 낳았을 때부터 무소의는 황후가 되겠다는 야심이 생겼다. 왕황후와 손을 잡고 소숙비를 끌어내린 다음, 무소의는 다시 창끝을 왕황후에게로 겨누었던 것이다.

무소의가 두 번째 낳은 것은 딸이었는데, 왕황후는 매우 기뻐하여, 소의궁에 가서 어린 황녀를 보았다. 이때 무측천은 계략을 생각해내었으니, 왕황후가 간 다음 그녀는 자신의 친생 여아女兒를 잔인하게 목 졸라 죽이고는 죽은 아기를 이불로 덮었다.

잠시 후 고종이 와서 무측천은 고종과 잠깐 이야기한 다음 이불을 벗기고는 뜻밖에 죽은 아기를 발견한 것처럼 통곡해 대며 좌우의 시녀들에게 물었다. "방금 누가 왔었던가."

시녀들은 놀라서 어쩔 줄 모르며, 말을 더듬었다. "황후, 황후께서 오셨었습니다."

고종이 듣고 갑자기 대노하여 말했다. "분명히 황후가 우리 딸을 죽인 것이렸다." 무소의는 이때를 틈타 왕황후에 대해 온갖 나쁜 말을 다 했고, 이리하여 고종은 왕황후를 폐하기로 결정했다. 왕황후는

---

* 귀비, 숙비, 덕비, 현비를 말한다.

황하에 뛰어든들 씻지 못할 누명을 쓰고 냉궁*에 유폐되었다.

　무소의는 자신이 올라가는데 걸리적거리는 모든 장애물을 깨끗이 처치하고 자신에게 황후의 직함이 내려지기만을 간절히 기다리고 있었다.

　왕황후의 세력을 잘라내기 위해서, 무소의는 적극적으로 조정의 개국원로와 중신들을 자기편으로 끌어들이고, 한편으로는 왕황후의 친척에게 타격을 가해 나갔다.

　654년 왕황후의 외삼촌 중서령中書令 류석柳奭이 이부상서吏部尙書로 강등되었다.

　그 다음 해 6월, 무소의는 왕황후와 그 모친 류柳씨가 궁에서 주술을 행하여 자기를 저주하고 있다고 모해하였으며, 고종은 더욱 화가 나서 이후 류씨의 궁정 출입을 금했다. 7월, 이 사건으로 다시 류석까지 끌어들여서 그를 수주遂州 자사刺史로 강등했으며, 류석이 강등되자, 드디어 황후를 폐출시키는 서막이 정식으로 올랐다.

　황후를 폐하고, 태자를 세우는 것은 집안 일만이 아니고 국가대사이므로 반드시 조정대신들의 동의를 얻어야 한다. 무소의를 황후로 세우는 이 일에는 장손무기長孫無忌며, 저수량褚遂良 등 대신들의 반대가 아주 심했다. 이들은 모두 태종이 임종에 앞서 병상에서 임명한 원로들이었다. 태종은 임종 때 고종과 왕황후, 두 착하고 예쁜 아들과 며느리를 장손무기, 저수량 등 대신에게 친히 부탁했던 것이다. 동시에 그들은 모두 무소의는 출신이 미천한데다 일찍이 선제를 모

---

* 冷宮 : 총애를 잃은 왕비가 거처하는 쓸쓸한 궁전.

신 일도 있어 이를 황후로 세운다는 것은 고종에게 좋지 않은 평판을 남길 것이라고 걱정했다.

장손무기는 당 고종의 친외삼촌으로 조정의 핵심 인물이며, 당 고종이 애초에 태자로 책봉된 것도 장손무기의 도움을 크게 받았던 터라 그의 태도 여하는 조정을 좌지우지하는 터였다. 그의 지지를 받기 위해서 고종과 무소의는 일찍이 그의 집을 친히 방문해서 보배로운 기물을 하사하고, 그의 세 아들을 대부로 승격시키기도 했다. 그러나 장손무기는 자신의 태도를 바꾸지 않았다. 무측천의 어머니 양씨와 위위경衛尉卿 서경종徐敬宗도 나서서 정으로 설득했지만 장손무기는 한결같이 거절했다.

장손무기 외에도 저수량, 한애韓瑗, 내제來濟 등 대신들 또한 이와 같았다.

한번은 저수량이 고종에게 무소의를 황후로 책봉하지 말라고 설득하던 중 머리로 바닥을 찧고 찧다 유혈이 낭자하여 고종이 물리친 일도 있었다.

한애 또한 일찍이 통곡하며 고종을 설득함에 그 슬픔이 극에 달하여 고종이 매우 화가 나서 그를 내쫓은 일이 있었다. 이렇게 수많은 대신들이 반대하자, 우유부단한 고종은 질질 끌면서 결단을 내리지 못하였다.

무소의를 황후로 세우는 일을 지지하는 대신들도 있었다. 중서사인中書舍人 이의부李義府, 위위경 서경종은 이 기회에 공을 세워 보고 싶어 황제의 면전에서 바람을 잡았다. 하나는 무소의를 황후로 세워 달라고 공개적으로 황제에게 상소하고, 또 하나는 황제 옆에서 여론을 날조하여 "밭을 가는 촌로도 10여 석의 밀을 수확하면 처를 바꾸고자 하는데, 하물며 황제가 황후를 세우는 것이 다른 사람과 무슨 관계가 있습니까?"라고 말하는 것이었다.

두 부류의 의견이 팽팽하여 고종은 우유부단 결단을 내리지 못했다. 고종이 볼 때 원로 이적李積만은 줄곧 한마디도 하지 않으므로 그의 의견을 듣고자 했다. 이적은 노회하고 지략이 심오하기로 널리 알려져 있는 바, 그가 보기에 무소의는 성격이 강하고 과감한데 반해 고종은 소심하고 유약하므로 스스로 내심 무소의를 황후로 세우는 것을 묵인하고 있는 터였다. 그러나 다른 한편으로는 다른 대신들에게 미움을 받고 싶지도 않아 병을 핑계로 조정에 나가 여러 사람들과 이 일을 토론하지 않고 집에서 황제의 내방을 기다렸다.

고종이 찾아오자, 이적은 얼렁뚱땅 넘어가듯이 말했다. "이 일은 폐하의 가정사로 다른 사람들에게 물어볼 필요가 없습니다." 태도가 애매하여 어떻게도 받아들일 수 있지만 자신이 고종의 요구를 지지한다는 뜻을 은근히 비친 것이다. 이리하여 고종은 의혹을 떨쳐 버리고 왕황후를 폐하고, 무소의를 황후로 세우기로 결정하였다.

655년, 고종은 교지를 내려 왕황후를 폐하고, 고숙비를 폐서인하며, 11월에 정식으로 무소의를 황후로 책봉하였다. 머지않아 이의부, 서경종은 무후를 책봉하는데 공이 있다 하여 평보로 출셋길에 올라 중서령에까지 이르렀으며, 장손무기, 저수량 등은 억지로 모반의 죄를 덮어써 더러는 관직을 깎이거나 빼앗기고, 더러는 살해되었다.

오이가 익어 떨어져 가다 – 황후로부터 황제까지
瓜熟子離離 – 從皇后到皇帝*

무소의는 황후로 책봉되자 점차 자신의 세력집단을 만들어 갔으며, 조정에 간여할 뿐 아니라, 심지어는 고종과 함께 조정 일을 처리하여 조정 신하들은 그들 부부를 '이성二聖'이라 칭했다. 고종은 천황天皇이었으되, 무후 또한 천후天后로 칭하면서 점차 조정 대사 전부를 장악한 것이다. 무측천은 실권을 장악한 다음 점차 대신, 귀족을 배제하기 시작했는데, 심지어 황제와 자신의 자식들도 그 화를 면하기 어려웠다.

원래부터 심약하고 무능했던 고종은 오래지 않아 병을 얻어 늘 머리가 어지럽고, 때로는 눈 뜨기조차 힘들어졌다. 고종이 보기에 무후가 능력이 있고 책을 보고 글을 쓰는 재주도 있어 아예 조정대사를 송두리째 그녀가 처리하게 맡겨 버렸다.

무측천은 권력을 장악하자 점차 고종도 안중에 없게 되었다.

고종이 뭔가를 하고 싶어도 무후의 동의가 없으면 할 수 없게 된 것이다. 고종도 이 일만큼은 매우 화가 났는데, 재상 상관의上官儀는 원래 무후가 정권을 장악하는 것을 반대하던 터라 이 기회에 말했다. "폐하께서는 이미 황후가 권력을 농단한다고 의심하는 터이니 이대로는 그녀를 폐함만 못합니다."

---

* 瓜熟子离离: 오이가 익으면 자식은 떨어져 나간다는 뜻으로, 익은 열매를 뜻한다고도 볼 수 있으나, 여기서는 무측천의 권력이 커지면서 자식까지 쫓아내게 된 것을 원망하는 말이다.

고종은 아무런 주관이 없는 사람이라 이 말을 듣고 바로 말했다.
"좋아, 그럼 그대가 돌아가 그렇게 상소를 올려라."

그런데 옆에 있던 내시가 이 말을 듣고 황망히 무후에게 보고했다.

상관의가 기초한 상소가 고종에게 보내졌을 때 무후가 이미 고종을 찾아와 무서운 소리로 고종에게 이게 어찌된 일이냐고 따지고 있었다.

고종은 무측천을 보자 놀라서 상관의가 기초한 상소문을 소매 속에 감추고 더듬거리면서 말했다. "나는 원래 그런 뜻이 없었는데, 모두 상관의가 꾸민 짓이야."

무후는 대노하여 바로 사람을 보내 상관의를 끌고 와 죽여 버렸다. 이후 당 고종이 조정에 이르면 언제나 무후가 수렴청정하니, 대소정사가 모두 무후가 고개를 끄떡이면 그만이었다.

대권을 홀로 농단하기 위해서 무측천은 가능한 황위 계승자를 마구 박해하였으니, 자신의 아들이며 손자도 예외가 아니었다.

무후는 4명의 아들을 두었는데 장자 이홍李弘, 둘째 이현李賢, 셋째 이현李顯, 넷째 이단李旦이었다. 그중 이홍은 오래 전에 태자로 봉해져 있었다.

이홍은 인자하고 효성스러우며 겸허한데다, 대신들을 공경하여 인심을 크게 얻었다. 그러나 그는 여러 번 무후의 뜻을 거슬러서 무후는 그를 아주 골치 아파 했다. 이홍에게는 두 명의 여동생이 있었으니 숙비 소생의 의양義陽, 선성先城 두 공주로 모두 무후에 의해서 액정*에 유폐되어 서른 살이 넘도록 시집도 갈 수 없었다.

한번은 이홍이 액정에서 두 공주를 보고 한편으로 놀라고 한편으로 측은하게 여겨 바로 고종에게 그들을 시집보내도록 주청하여 고종은 바로 이를 수락하였는데 무후가 이후 이를 알고는 마음속에 원한을 갖게 되었다.

기원 675년 당 고종은 병이 중하여 스스로 살 날이 얼마 남지 않았음을 알고, 황위를 이홍에게 물려주고 싶어 했는데, 이는 무후가 정권을 홀로 농단하는 데 큰 장애가 될 판이라 그녀는 이 친생 아들을 더 이상 용납할 수 없었다. 그리하여 그해 4월, 무후는 합벽궁合璧宮에서 이홍에게 독주를 먹여서 죽여 버렸다.

고종은 막 아들에게 황위를 물려주려고 하는데 아들이 죽었다는 소식을 듣게 되어 매우 비통해 하였으며 이홍에게 시호를 내려 효경황제라 하였다. 황태자에게 황제의 시호를 내렸는데 이 또한 중국 역사상 처음 있는 일이었다.

이홍이 죽은 다음 이현賢이 자연스럽게 태자 자리를 물려받았다. 이현도 어릴 때부터 견식이 비범했고, 행동거지가 온화하고도 무게가 있었으며, 문재文才 또한 있어 고종이 매우 사랑했다.

이현은 태자에 책봉된 후 한 무리의 명망 있는 학자들을 끌어들여 〈후한서後漢書〉를 편찬하며 자신의 세력을 키워 갔다. 이렇게 되니, 필경 대권을 장악하고 있는 모친과 충돌이 생겼고, 그래서 이현은 늘 이유도 모르게 모후로부터 질책을 듣게 되었다. 무측천은 일찍이 신

---

* 掖庭 : 비빈, 궁녀들이 거처하는 궁전이다.

하들에게 명하여 〈少陽正範(태자의 행위의 준칙과 모범)〉과 〈효자전孝子傳〉을 편찬하여 이현에게 주면서 잘 학습하고 반성하라고 하였는데, 이로써 이현은 더욱 불안하고 근심하게 되었다. 이현은 자신이 무후의 친생자가 아니고 그 여동생 한국부인韓國夫人의 아들이 아닌가라는 의문을 갖고 있었는데 무측천이 어떤 경로를 통해서인지 이 사실을 알게 되었다. 이리하여 무측천은 더욱 이현을 용납할 수 없게 되어 사람을 시켜서 이현이 남색을 가까이 하며, 사사로이 무기를 숨기고, 부친을 해치려는 음모를 꾸민다고 모함하게 하고는 말했다. "아들된 자가 악한 마음으로 역모를 꾸미다니, 하늘과 땅이 받아들이지 않을 일이라 그 죄 용서되지 않는다." 그런 다음 대의를 위해 친자를 없앤다大義滅親면서 이현을 사형에 처했다. 다행히도 고종이 나서서 아들의 사면을 요청하고, 그를 폐서인함으로써 겨우 죽음만은 면했다. 기원 681년 이현은 파주巴州*로 유배되었다.

같은 해 25세의 셋째 아들 이현顯이 태자에 책봉되었으며, 머지않아 태자는 아들을 낳아 이름을 중조重照라 불렀는데, 고종이 매우 기뻐하여 다시 관례를 깨고 겨우 2개월 된 종조를 황태손으로 세우니 즉 미래의 태자였다. 3년 후, 당 고종이 죽고 이현이 즉위하였으니 곧 당 중종이었다.

새해가 되어 당 중종은 서후書后를 황후에 책봉하였다. 하루는 중종이 서후의 부친 서현정書玄貞에게 시중의 자리를 줄까 생각했는데,

---

* 지금의 사천성 중경을 말한다.

당시의 재상 배염裵淡은 재삼 불가함을 말하며 말리는 것이었다. 중종은 대노하여 무섭게 말했다. "내가 천하를 서현정에게 준들 안 될 일이 없을 텐데, 하물며 일개 시중 자리가 아까워 못 주겠다는 것인가?" 배염은 멍하니 듣고 한마디도 못하고 이 사실을 무측천에게 보고했다.

오래지 않아 무측천은 백관을 건원전乾元殿으로 소집했고, 배염 등은 미리 짠 각본에 따라 병력을 대동하고 대전에 들어갔다. 배염은 갑자기 태후의 교시라며 중종을 폐하여 여릉왕廬陵王으로 삼는다 하고 좌우에서 중종을 부축하여 대전에서 내려오게 했다. 중종은 놀라 어쩔 줄을 모르며 물었다. "나에게 무슨 죄가 있습니까?" 무태후는 그에게 거꾸로 물었다. "너는 천하를 서현정에게 주려 했는데, 그러고도 죄가 없다고 말할 수 있는가?" 중종은 잠시 벙어리가 되어 아무 말도 못하고 의기소침하여 고개를 떨군 채 잡혀가 버렸다.

그 다음날 무측천은 22세의 이담을 황제로 세웠으니, 곧 당 예종睿宗이다. 무측천은 아예 예종을 연금하여 정사에 참여하지 못하게 하고, 이때부터 조정 일은 대소를 가리지 않고 일률적으로 무측천이 재결하였으니, 역사상 이를 무후칭제武后稱制라 한다.

전해 오는 말로는 폐서인이 된 이현賢은 파주에 유배되었을 때, 부황의 서거와 모후가 무자비함을 슬퍼하여 〈황태과사黃台瓜詞〉라는 시를 한 수 지었다고 하는데 내용은 다음과 같다.

种瓜黃台下,　　　　황대(黃台)* 아래 오이를 심었는데,

瓜熟子离离.	오이가 익으니 아들**은 떨어져 나간다.
一摘使瓜好,	한 개를 따 내도 오이는 좋으나,
再摘使瓜稀.	두 개를 따면 오이가 적고,
三摘尤为可,	세 개를 따면 아직은 괜찮다고 하지만,
四摘抱蔓归.	네 개를 따고 나면 덩굴만 안고 돌아가게 되리라.

이 한 수의 시가 경성京城에 전해 퍼졌는데, 무측천이 보면 볼수록 자신을 원망하여 풍자하는 것이라 사람을 파주로 보내서 이현을 자결하게 하였다. 이현이 죽을 때 나이가 겨우 31세였다.

무측천이 자신의 남편과 아들이며, 당조의 종실과 원로대신까지 밀어내고 타격을 가하자 조정 상하의 모든 사람들이 모두 위험해지더니 결국 사태가 무르익어 병란이 일어났다. 관직을 삭탈당한 한 무리의 사람들이 양주에 모여서 동병상련으로 의거를 결정한 것이다. 그들은 서경업徐敬業을 총사령관으로, 위사온魏思溫을 군사로, 낙빈왕駱賓王을 기사記事로 하여 여릉왕廬陵王을 복위시킨다는 명분으로 나서서 양주 장사長史 진경지陳敬之를 죽이고, 무측천을 반대하여 병을 일으켰다. 의병은 매우 빨리 커져서 10일이 되자 벌써 10만여 병력이 집결하였다.

무측천은 먼저 당시의 재상 배염裵炎과 반란을 평정하는 일을 의논했다. 배염의 생질이 반군 우사마右司馬인지라 태후가 병을 일으켜 토벌하지 말았으면 했다. 그래서 그는 무측천에게 말했다. "황제가 여

---

* 노란 누대라는 뜻이지만 황금색 누대 또는 황제가 사는 곳, 즉 황궁으로도 볼 수 있다.
** 여기 아들은 오이의 아들, 즉 익은 오이를 뜻하는 것도 같으나 현실적으로 잘려 나간 이현 형제들을 풍자한다고 봐야 할 것이다.

러 해 정사를 친히 처리하지 않으니, 서경업 무리들이 이를 핑계로 모반한 것입니다. 만약 태후께서 황제에게 친정하시도록 정사를 돌려 주시면 반군은 토벌하지 않아도 저절로 평정될 것입니다." 이 말은 무측천을 심히 불쾌하게 하였다. 그래서 그녀는 다시 무승사武承嗣를 불러서 의논했다. 우승사가 말했다. "태후께서는 안심하십시오. 이들 반군 무리는 오합지졸이니 일거에 평정될 것입니다." 그리고는 다시 가만히 말하기를 "배염의 생질이 반군에 있어, 그렇게 말한 것입니다. 감찰어사의 말로는 배염도 모반에 가담했다고 합니다."

오래지 않아 봉해진 밀서 한 통이 조사 중 들어 났다. 이 밀서는 배염이 서경업에게 보내는 것인데, 편지는 다만 푸른 거위青鵝라는 두 자만 적혀 있었다. 대체 이 두 글자가 무엇을 뜻하는가? 이 사건을 조사하던 관리들이 모두 이를 풀지 못했는데 무측천이 보더니 살며시 웃으며 말했다. "이것은 서로 통모하여 거사일자를 정하는 밀서이다. 青鵝는 十二月 我与自 여섯 글자를 포함하고 있다." 원래 이 편지는 수수께끼말로 파자법을 사용한 것이니 청青자는 12월十二로 분해되고 아鵝자는 내가 너와 시작한다我与自로 분해된다. 이것은 배염이 서경업에게 12월에 병력을 일으키면 내가 너와 내응한다는 것을 암시한 것이다. 배염은 풀지 못할 비밀로 여겼는데 뜻밖에도 무측천이 알아차린 것이다. 무측천은 즉시 배염을 잡아들여서 죽였다. 배염을 위해 간하던 몇몇 사람들은 파면되거나 변방으로 유배되었다.

이와 동시에 무측천은 한편으로 역신 서경업의 부와 조부의 작위를 박탈하고 배관참시하며, 한편으로는 대장군 이효일李孝逸로 하여금

10만 대군을 이끌고, 밤낮으로 행군하여 양주로 가 반군을 소탕하도록 했다.

이효일은 운하를 따라 남하하였고, 서경업은 부대를 이끌고 나와 응전했는데 서경업이 연전연승하여 연이어 여러 대장을 죽였다. 이효일은 겁이나 후퇴하고자 했다. 이때 감군監軍 위원충魏元忠이 화공을 건의했다. 이효일은 바람을 이용하여 화공을 하여 남군을 크게 격파하고 7000여 명을 죽이니 반군은 대패했다. 서경업 형제는 말을 타고 달아나 강도江都로 가 처자를 데리고 윤주潤州에 도착했다. 두 형제는 배를 타고 바람 따라 바다로 나가 고려高麗*로 피난하자는 것이었다.

배가 먼 바다로 나가자 해상에 바람이 세차게 불어 왔다. 이때 부장 왕나상王那相이 갑자기 반란을 일으켜 서경업, 서유徐猷, 낙빈왕駱賓王과 서경업의 처자 등 25인을 죽이고, 그 머리를 잘라서 이효일에게 투항하고 말았다. 나머지 부하들도 모두 살해되었으니, 서경업은 거병하여 불과 50일 만에 실패하고 만 것이다.

4년 후 당조의 귀족 이정李貞, 이충李忠 부자가 나라를 구한다는 명분으로 이씨 종실의 여러 왕공들과 연합하여 거병하였으나, 20일이 못 되어 진압되었다.

대신왕공들의 반란을 평정한 후 무측천의 지위는 더욱 공고해졌다.

무측천은 대권을 장악하자, 태후 역할에 만족하지 못하고 황제로 등극할 야심이 생겼다. 이때 조정 관원들 중에는 무측천의 초인적인

---

*기원 650년대는 우리나라의 삼국시대 말기로 여기의 고려는 고구려가 아닌가 생각된다.

지혜와 능력을 보고는 그녀에게 완전히 의탁하기로 결정한 자들도 있었다.

무승사武承嗣는 가만히 사람을 시켜서 흰 돌에 "성모가 인간 세상에 임하니, 제업이 영원하리라聖母臨人, 永为帝业."여덟 자를 새기게 한 다음 옹주雍州 사람 당동태唐同太로 하여금 이를 무측천에게 바치고 낙수洛水 물속에서 나온 것이라고 고하게 했다. 무측천은 매우 기뻐하여 이 돌을 보도寶圖라 명명하고 5월 중 친히 낙수에 참배하고, 스스로 성모신황聖母神皇이라 칭하였다. 무승사 또한 머지않아 문창좌상文昌左相으로 책봉되었다.

이와 동시에 무측천의 총남* 설회의薛懷義는 일부 불경을 위조하여 무측천에게 바쳤다. 그 불경에는 무측천은 원래 미륵불이 인간의 태내로 들어가 인간세상에 온 것이며, 불교 조종佛祖이 그녀를 속세에 보낸 것은 그녀로 하여금 당조 황제를 대체하여 천하를 통치하게 하려는 것이라고 쓰여 있었다.

혹리酷吏** 부유예傅游藝는 관중關中 지구에 연락해서 900여 명으로 하여금 연명으로 무측천이 제위에 오르도록 상소하게 하였다. 무측천은 한편으로 사양하면서, 한편으로는 부유예의 관직을 높여 주었다. 그 결과 그녀에게 제위에 오르라고 권하는 사람이 갈수록 많아졌다. 당시 문무관리, 왕공귀족, 원근의 백성, 각 씨족 우두머리들, 승려, 도사 등 총 6만여 명이 그런 상소를 올렸다. 심지어는 황제 이단도

---

* 男寵 : 총애하는 남자라는 뜻이니 무측천이 잠자리 시봉까지 시킨 궁중 측근의 남자이다.
** 형법을 마구 집행하는 가혹한 관리라는 뜻인데 여기서는 그 방면 종사하는 일정한 관직을 뜻한다.

압력을 견디지 못하고 무측천에게 무씨 성을 하사해 달라고 상소하였다.

오래지 않아 무측천은 동도 낙양을 신도神都*라 고쳐 부르니, 스스로 제위에 오를 중요한 일보를 내디딘 것이며, 전국에 자신의 지고무상(至高無上)의 권력을 과시했다.

기원 690년 무측천은 측천루에 올라 천하에 대사면을 선포하고 국호를 주周로 바꾸고 스스로 신성神聖황제라 칭하였으니, 중국 역사상 첫 번째 여황제가 탄생한 것이다.

일개 약하고 어린 여자가 14세에 당 태종의 재인才人이 되더니, 당 고종의 소의, 황후가 되었다가, 최후에는 남존여비의 봉건사회에서 놀랍게도 국가권력 제1인자의 교의**에 앉아 문무대신을 손끝으로 부르고, 턱짓하여 내보내며, 천하를 살리고 죽이고, 주고 빼앗는 권세天下生殺與奪之權을 장악하였으니 이는 그녀의 걸출한 재능과 강렬한 정치적 욕망과 무관하지 않으며, 동시에 당시의 역사적인 조건과도 불가분의 관계에 있었다.

당대, 특히 당 전기는 개방된 봉건사회로 민간습속과 사회기풍상 예법을 중시하지 않았고, 전통적인 윤리·도덕관념과도 상충되는 일이 많았다. 즉 당 전기에는 사회적으로 비교적 예법에 얽매이지 않았고, 여자의 사회적 지위도 비교적 높았으며, 혼인관계도 비교적 자유로이 개인의 뜻대로 했으니, 이렇게 하여 무측천이 그 재능으로 당

---

* 신의 도시 또는 신성한 도시라는 뜻이다.
** 交椅 : 등받이와 팔걸이가 있고, 다리를 접을 수 있는 옛 의자. 추상적으로는 높은 지위를 가리킨다.

태종의 재인으로부터 당 고종의 황후로 변신하여 천하에 군림할 기회를 얻는 것이 가능했던 것이다.

재상의 잘못 : 宰相之錯

무측천이 제위에 오르기 전 30년간 정치에 참여하고 정권을 장악하는 정치 생애 중 놀라운 정치적인 술수와 수단를 보여 주었다고 한다면, 제위에 오른 후의 10여 년은 사람을 쓰고, 일을 처리하며, 나라를 다스리는 등 각 방면에서 걸출한 재능과 기백을 더욱 선명하게 보여 주었다고 말할 수 있다.

무측천은 제위에 오른 다음 바로 신왕조의 세력을 배양하기 시작하였다. 그녀는 널리 어진 선비를 구하고, 인재를 구함에 있어 그 출신성분이나, 품격에 구애되지 아니하였다.

과거제도는 수당隨唐대에 일으킨 고시를 통해 관리를 선발하는 제도로 양반들의 세습적인 권력농단을 타파하고, 서민계급 내부의 우수한 인재를 발굴하는 데 매우 적극적인 작용을 하였다.

과거에 응시하는 사람들은 두 부류이니 그 하나는 학관에서 오는 소위 생도生徒라 부르는 무리들이며, 그 둘은 주현州縣에서 추천하는 사람들로 향공鄕貢 또는 공생貢生이라 불렀다. 주현에서 황제에게 공생을 주청할 때는 공물을 앞에 내세우며 공생들은 뒤에서 글을 썼는데, 무측천은 공물과 인재의 순서를 바꿔서 공생을 앞에 세웠으니,

이로써 조정이 인재를 더욱 중시한다는 것을 보여준 것이다.

무측천은 또 전시殿試라는 별난 인재 선발제도를 창안했으니, 이는 자신이 손수 고시생들에게 물어 보고 그 중 적당한 인재를 선발하여 쓰는 방식으로 고시생들이 천자가 자신을 중시한다는 데서 감동하고, 여황제에게 더욱 충성하게 하는 것이었다.

기원 702년 무측천은 무과도 증설했는데, 이후 무과와 전시는 제도로 확립되어 후대에도 계속하여 인재 선발의 중요한 제도로 기능하였다.

이외에도 무측천은 제과制科를 열었는데, 제과란 황제가 수시로 하명하여 일종의 특수한 수요에 맞는 전문적인 인재를 선발하는 제도로 고시과목이 매우 많았고, 격식에 구애되지 아니하였다.

혁신적인 방략을 사통팔달 펴기 위해서 그녀는 특별히 일련의 비교적 계급이 낮은 문인들을 군기대사에 참여시켰는데 이를 북문학사北門學士라 부른다.

인재가 산야에 묻힐까 두려워한 무측천은 명을 내려서 신민臣民들은 모두 스스로 추천할 수 있도록 했으니, 특별한 재주가 있으면 누구라도 채용했다. 이렇게 하면서도 그녀는 여전히 현명하고 능력있는 사람들을 놓칠까 걱정되어 사자를 사방으로 보내 재능이 있으면서 과거에 급제하지 못한 고시생들도 선발하여 관리로 썼으니, 동홍冬烘 선생 같은 사람이 그렇게 채용되었다.

당시 무측천이 매년 선발기용한 인재는 5만에 이르렀으니, 조정은 인재로 넘쳐 났다. 사람들은 이를 노래로 불렀는데 다음과 같다.

補闕連年載,	연년이 궁궐에 차로 실어 채우고,
拾遺平斗量,	떨어진 것도 다시 주워 말(斗)로 양을 달아 보니,
把推侍御史,	시어사(侍御史)는 써래로 쳐 내고,
脘*脫校书郞.	교서랑(校書郞)**은 주발로 퍼낸다.

차로 실어 나르고, 말로 양을 잰다는 것은 임용한 관리가 많다는 것을 표현한 것이다. 이렇게 하여 무측천은 인심을 사고, 각 지방의 인재를 망라하여 자신의 목적대로 썼다.

그러나 일단 선발된 관리들에 대한 임용 후의 요구는 매우 엄격하여, 그 직급에 적합하지 않는 자는 강등되거나 면직되고, 심지어는 사형에 처해지기도 했다. 그래서 인재들의 이후 변화도 매우 컸으니, 능력 없는 자는 처벌되고 능력 있는 자는 평보平步로 출셋길에 올랐다. 무측천도 그중에서 한 무리의 나라를 다스리고, 군을 통솔할 인재를 발탁했으니, 문신으로는 적인걸狄仁杰, 위원충魏元忠, 두경검杜景儉, 이소덕李昭德이요, 변방의 장수로는 배행검裵行儉, 유인궤劉仁軌, 당휴경唐休璟, 루사덕婁師德 등으로 모두 매우 유능한 인물들이었다.

만년에 발탁한 요숭姚崇과 송경宋璟은 당 현종玄宗 대에 이르러 일세의 명장이 되었으며, 개원성세開元盛世***를 여는 데 중요한 역할을 했다. 개원 중기에 이르기까지 그 이름 혁혁한 조정 대신들 대다수는 무측천 후기에 발탁된 인재들이었으니, 이는 무측천의 인재 정책과

---

* 碗의 오기가 아닌가 한다.
** 시어사와 교서랑은 모두 관직 이름이다.
*** 당 현종의 연간의 태평성세를 가르키는 말. 당 현종은 후기에 양귀비를 총애하여 안산의 난을 겪는 등 국난을 겪었으나, 중기까지는 나라를 매우 잘 다스려 그 통치를 개원의 치(治)라고 찬양하였다.

밀접한 관계가 있었다.

무측천이 인재를 중시하고 발굴한 고사故事는 매우 많다. 전하는 바로는 무측천이 한편의 반란자의 문장, 이름하여 〈토무조격討武曌檄〉*을 보았는데, 그 격문이 기세가 광대무변하고 문장이 강건하면서도 예리하며 무측천의 죄상을 열거하기를 그녀의 은밀한 사생활까지 들추면서 비판하니, 그 처절함이 극에 달해 있었다.

무측천은 밝은 표정으로 침착하게 읽다가 "한줌 흙이 마르기도 전에 육척 고아는 어디에 있는가一坏之土未干 六尺之孤安在.** 오늘날의 강토를 돌아 봄에 과연 어느 집안의 천하인가試看今日之域中, 竟是誰家天下."***라는 대목에 이르러, 물었다. "이건 누가 쓴 것인가."

좌우에서 답했다. "낙빈왕駱賓王이 쓴 것입니다."

낙빈왕은 절강성 사람으로 얻기 어려운 인재인바, 왕발王勃, 양형楊炯, 노조린盧照隣과 함께 당 초기4걸初唐四傑로 불렸다. 낙빈왕의 재주는 일찍이 드러나 어릴 때 '신동神童'으로 불렸다. 일찍이 동태상정학사를 했는데, 그 후 강등되어 오랫동안 변방 수비를 맡았다가 기원 680년 임해臨海지방 현령縣令에 임명되었다. 그는 일생토록 관운이 좋지 않아 뜻을 얻지 못하고 답답해 했던 바, 그의 시문도 다수가 비분강개하는 내용이었다.

* 무후를 토벌하자는 격문으로 서경업의 반란 시 그 막료이던 낙빈왕이 지었다. 여기의 曌는 측천무후가 만들어낸 19개의 글자 중 하나로, 의미 합성어(會意字)인바, 해와 달이 하늘을 관장하다(日月當空)는 뜻이다. 무측천은 이 글자를 취한 뜻은 자신이 황제로 칭함은 해와 달이 천하를 경영하는 것(日月經天)과 같다는 뜻이다.
** 고종이 막 죽었는데 그 아들 중종이 유폐된 것을 뜻한다.
*** 이씨 왕조 나라를 측씨 집안이 지배하는 것을 힐난한 것이다.

무측천은 한탄하면서 말했다. "이런 인재를 어떻게 퇴락하여 역적의 무리가 되도록 할 수 있었단 말인가? 이것은 재상의 잘못이다."

이외에도 무측천의 용인은 기개가 대단했으니, 비록 적대진영의 사람이라도 재주가 있고 진심으로 의부해 오면 마찬가지로 중용했다. 그 예로 숙적인 상관의上官儀의 손녀 상관완上官婉이 모친과 함께 궁으로 끌려 와서 노비가 되었는데, 무측천이 그 재주와 학문이 출중함을 보고는 신변에 두고 심복으로 삼았다.

그대 독에 들어가시게 請君入瓮

무후가 황제를 칭한 것을 역사상 무후혁명武后革命이라고 한다. 무후의 주나라가 건립된 후, 원래 구왕조의 황실에 의부하던 외척과 장군, 재상들은 자기들 세상을 상실했다. 그들이 어찌 기쁘게 이를 받아들이겠는가? 처음에는 공개적으로 반란을 일으켰으나, 하나하나 다 진압되어 갔다. 그러다가 결국 그들은 한 무리의 잠재적인 정치세력으로 남아 신왕조의 존속을 시시각각 위협하고 있었다.

무측천이 이 일로 근심하고 있을 때, 어보가魚保家란 자가 계책을 올렸는데, 그는 동궤*를 만들어 투서를 받도록 건의했다. 이는 무측천의 마음에 딱 들어서 무측천은 즉시 어보가를 동궤 만드는 일의 책

---

* 구리궤짝을 말한다.

임자로 임명하고, 동시에 각 주현에 시달하여 투서를 하고 싶은 사람이 있으면 각 주현에서 상으로 말과 오품관직의 봉급을 지급하여 그를 경성으로 보내되, 그가 밀고하려는 내용에 대해서는 묻지 못하도록 했다. 모든 밀고는 그것이 고관귀족에 관한 것이든, 농민초부樵夫에 관한 것이든 무측천이 일률적으로 친히 접견했다. 밀고하여 공을 세운 자는 상을 주거나 관직에 봉하고, 사실이 아니더라도 그 책임을 묻지 아니하였다.

밀고자는 벌떼처럼 일어났고, 낙양에 와서 동궤에 투서하는 사람들도 끊이지 않았다.

동궤는 구리로 만든 밀폐된 용기로 정방형이며, 4면에 모두 투서구가 있고, 일단 투서하고 나면 다시 꺼낼 수 없었다. 그것은 전문적으로 밀고를 위해 설계된 것으로 오늘날의 고발상자檢擧箱과 비슷했다.

동궤를 설치한 다음 밀고자가 갈수록 많아져서 책상 위에 작은 산처럼 밀서가 쌓이자, 무측천은 일군의 새로운 법관을 뽑아서 이를 심사하고 판결하게 했다. 이 무리들은 대다수가 밀고자들로 무뢰한 출신이며 성격이 잔인하고 죄명을 날조하여 덮어씌우고 무고한 사람을 모함하는데 능했다. 이 무리의 혹리들이 고안해 낸 형벌과 그 명목도 백양백태였다. 잡혀 온 사람들은 그들을 알아보고 감히 부인할 수 없었으니, 세상에서는 이들을 보고 돌을 들어 자기 발을 찧는다고 했다. 어보가가 바로 이랬으니, 그가 동궤의 제작을 책임진 후 그에게 원한이 사무친 집안사람이 동궤에 그가 일찍이 반란에 참여했다고 투서를 집어넣었으니, 그 또한 목이 잘려 죽었다.

무측천은 바로 이런 혹리들을 도구로 사용하여 먼저 당 종실 집안 사람 수백 명을 주살하고, 다시 대신 수백 명을 살해하여, 이씨들의 당 왕조에 효율적으로 타격을 가하였다. 그런 후에야 무측천은 조정을 열거나, 후궁에 있거나 마음을 편히 할 수 있었다.

당조의 유명한 시인 진자앙陳子昻이 여러 번 혹리를 없애라고 무측천에게 정중히 간했으나, 마이동풍이었다. 무측천 스스로도 늘 사적인 복수를 위해 혹형을 고안하고, 무고한 사람들을 살해했던 것이다.

서기 688년 그녀는 사적인 감정으로 혹리 주흥周興에 명하여 태자의 수하인 통역 학상현郝象賢을 심문하였는데, 학상현은 죽음에 이르러 입을 열어 무측천을 큰 소리로 욕하며 그녀의 궁정에서의 추잡한 일들을 까발렸다. 무측천은 그 사지와 시체를 갈가리 찢고, 조상의 묘를 파헤쳐 관을 깨뜨리고 시체를 태웠다. 뿐만 아니라 이후 죄인을 사형할 때는 모두 미리 부드러운 나무로 그 입을 막았다. 이런 식으로 사형수의 임종 전 말할 권리를 박탈하는 형벌은 무측천이 처음으로 만들어 사용했다.

밀고자는 갈수록 많았다. 한번은 놀랍게도 어떤 사람이 태자 이단이 모반했다고 고발했다. 무측천은 혹리 내준신來俊臣으로 하여금 이단의 측근 부하들을 조사하게 했는데, 이들은 모두 혹형을 견디지 못하고 자신이 모반했다고 자백하려 했으나 용기가 없었다. 다만 안금장安金藏만은 자신의 패도佩刀로 뽑아 할복자살함으로써 이단이 무고하다는 것을 보여 줬다. 당시 안금장의 내장이 모두 터져 나와 온 바닥에 피가 흘렀다.

무측천은 황급히 어의에게 명하여 그의 내장을 다시 집어넣고, 뽕나무 껍질로 된 실로 봉한 다음 약을 바르게 했는데, 밤을 꼬박 새운 후에야 안금장은 소생했다. 무측천은 친히 가서 안금장을 살펴보면서 탄식했다. "내 아들이 스스로 우둔하여 너를 이 지경에 이르게 했구나!" 그런 후 내준신에 명하여 심문을 그만 두게 했으니, 이단은 겨우 화를 면했다.

혹리들이 마구 사람들을 죽여 대니, 조정 대소 신하들은 모두가 위험에 처하였고, 이는 새로운 위기를 조성했다. 무측천이 보아하니 국면이 다소 제어하기 힘든 지경이라, 곧 거꾸로 혹리들에게 죄를 덮어 씌우고, 이들 혹리들의 목을 빌어 날로 긴장되어 가는 형세를 완화시키고자 했다.

혹리 소원례素元禮는 밀고해서 집안을 일으킨 자로 일찍이 혹형으로 수천 명을 살해하여 결국 만백성들의 공분을 자아내 무측천에 의해 감옥에 수감되었다. 소원례 사건을 맡은 법관은 원래 소원례의 부하였는데 그가 보아 하니 소원례가 온갖 궤변을 늘어놓으며 죄상을 인정하지 않으므로 무서운 소리로 말했다. "공용 철초롱鐵籠을 구해 와라." 이 한마디를 듣자 소원례는 즉시 죄를 인정하고 후에 감옥에서 죽었다.

혹리 내준신은 더욱 심했다. 내준신은 무측천이 가장 신임하는 조수 중 한 명이었는데, 친왕이나 대신을 포함하여 누구라도 내준신이 체포하여 심문했다 하면 살아서 감옥문을 나가는 경우가 극히 드물었다.

혹리 주홍周興은 모반죄를 덮어씌우기로 악명이 높았으니, 그 또한 일찍이 수천 명을 죽였다. 주홍 역시 모반죄로 고발되어 혹리 내준신이 조사하게 되었다.

혹리 주홍은 아직 자신이 고발되었는지도 모르고 있었다. 내준신이 주홍에게 물었다. "어떤 피고가 매우 완강하여 자신이 모반한 것을 인정하지 않으려 하는데 최후의 수단으로 어떻게 다루면 좋을 것 같소?" 주홍이 답했다. "그게 뭐 어렵단 말인가? 큰 독을 하나 만들고, 그 네 귀퉁이에 숯을 쌓아 올리고 불을 지핀 다음, 죄인을 그 독에 들어가게 하면 되지. 그래도 자백을 안할까 걱정할 일이 있나?"

내준신이 "주형은 과연 고명해요!" 하고 말한 다음 사람을 시켜서 독을 가지고와 숯을 쌓고 불을 지피게 하니 불길이 대단해서 모두가 비지땀을 흘렸다.

주홍이 괴이하게 생각하고 있을 때 내준신이 일어서 그에게 절을 하고, 느릿느릿 말했다. "소제가 황제로부터 형님이 모반했다는 밀고가 있으니 조사하라는 밀지를 받았는데, 죄를 인정하지 않으시려면 청컨대 독에 들어가시지요." 주홍이 한번 듣더니 온몸에 땀을 흘리며 머리를 찧으며 죄를 인정했다. 내준신은 주홍의 구술 자백을 근거로 그의 사형죄를 확정했다. "그대 독에 들어가시게 请君入瓮."란 고사성어는 이렇게 해서 생겨난 것이다. 그러나 무측천은 주홍 자신이 공을 세운 것이 적지 않고, 이런 구술 자백의 진실성도 의문이 있어 그의 사죄死罪를 면해 주고, 유배를 보냈다.

기원 697년 그도 결국 모반의 죄명을 얻어 서시西市에서 목이 잘렸

무측천(武則天) 45

다. 그가 죽자 그의 원수들이 벌떼 같이 몰려들어 서로 다투면서 그의 눈을 파내고, 심장을 들어내며, 그의 살을 뜯어 먹었다. 사람들은 "이제 드디어 침대에 누워 눈 감고 잘 수 있게 되었다." 하며 서로 축하하였다.

무측천은 혹리들을 이용해서 잔혹한 통치를 하여 당 종실과 자신을 반대하는 여러 신하들을 처치하고, 자신의 통치 기반을 공고히 했다. 혹리를 임용하여 쓴 것이 장장 13년이었고, 그 형벌이 잔혹하며, 무고함에도 형을 받은 사람이 많으니, 중국 역사상 일찍이 없었던 일로 후세 사람들이 그녀를 비판하는 가장 큰 죄상이다.

오왕정변 – 황제에서 다시 황후로

五王政變-从皇帝再到皇后

무측천도 자신이 어렵게 건립한 주씨 왕조를 세세연년 이어가기를 바랐다. 일생토록 과감, 강인했던 이 여인도 후계자 문제에 이르러서는 심히 고민하게 되었다. 이씨에게 정권을 돌려주라는 한편의 외침을 대할 때, 그녀는 자신이 사후 권력 때문에 초래될 살육과 그 피비린내가 마치 시공을 초월하여 눈앞에 보이는 듯 했으며, 후계자 문제 때문에 자신이 어렵게 경영해 온 나라가 내홍을 겪는 것은 더욱 보고 싶지 않았다. 한동안 이것저것 궁리한 끝에 그녀는 그래도 나라를 이씨들 손에 넘기고 자신은 퇴위하여 이씨 집안 며느리로 남기로 결심했다.

중국의 봉건 시대 황제들은 하나같이 자신의 제업을 자손에게 물려주고, 천추만대까지 이어지기를 갈망했다. 이 때문에 모든 황제들은 만년에 부득불 심히 어려운 문제에 부딪혔으니, 바로 후계자를 책봉하는 일이다.

후계자 책봉을 둘러싼 역사상의 투쟁은 끊임없이 있었으니, 부자가 서로 해치고, 형제가 반목하는 인간비극이 일막, 일막 연속으로 상연되었던 것이다. 수문제는 아들의 손에 죽고, 당 고조는 궁문을 피바다로 만들었으니, 정치는 우리들에게 그 얼음처럼 냉정한 모습을 보여 주고 있다. 무측천으로 말하자면 이 문제는 더욱 복잡하였다. 호기 방장한 무씨 집안 자제를 쓸 것인지, 아니면 마음 평안하고 사람 좋은 이씨 집안 자손을 쓸 것인지? 관습상 말하자면 아비가 죽으면 자식이 뒤를 잇고, 어미가 죽어도 자식이 뒤를 잇는 것은 혈통상 가장 가깝기 때문이며, 이것은 누구도 부인할 수 없는 사실이다. 그러나 이렇게 했다가는 무측천이 죽기만 하면 최고 통치 권력은 필연적으로 오래 전에 몰락했던 당나라 이씨들에게 돌아가고, 무씨의 주나라는 그냥 요절하고 말 것이다. 집안 조카를 내세운다면 주 왕조는 계속 이어질 수 있겠지만 자신은 조상의 사당에 들어가지 못하고, 아무도 제사를 지내 주지 않을 것이니, 이는 스스로 자신의 공업攻業을 말살하는 것밖에 무엇이겠는가?

무씨의 주왕조를 세운 후 무측천은 무씨 자제를 기용하여 더러는 재상으로, 더러는 장군으로 쓰고, 공을 세운 신하들에게 무씨 성을 내리며, 백성들로 무씨 성을 가진 사람들은 부역과 세금을 면제해 주고, 자신의 고향 문수현文水縣을 무흥현武興縣으로 개칭하고, 무씨 집안 선조들을 추봉追封하고 그들에게 시호諡號를 내리며, 그들을 위한 사당을 지었다. 동시에 이씨의 당 왕조의 황위 계승자들은 더러는 그 지위가 깎이고, 더러는 피살되었으니, 셋째 아들 이현顯은 여릉왕廬陵王으로 강등되었으며, 넷째 아들 이단旦은 제위에 올랐으나 유폐되었으니 무측천이 무씨 가족에게 제위를 물려주려는 의도는 분명히 보였다. 그녀의 조카 무승사武承嗣 역시 이 점을 간파하여 공개적으로 이단의 황위 계승자의 지위에 도전하였다.

무승사는 무측천의 이복형제 무원상元爽의 아들로 무씨 집안에서 가장 나이가 많고, 무측천에 가장 가까운 친척이며, 태자가 될 가능성도 가장 많았다. 가능성을 현실로 만들기 위해 무승사는 낙양 사람 왕광지王廣之에게 낙양 사람 수백 명과 결탁하여 수차 연명으로 상소하여 무승사를 태자로 세우도록 요청하라고 넌지시 지시했다.

왕광지는 성격이 매우 급한 사람으로 연속 수차례 무측천에게 상소를 올리니, 대신들의 불만을 면할 수 없었는데, 도리어 더욱 심하게 매일매일 상소를 올려 사회를 불안하게 하여 조정 재상들의 반감이 심했다.

한번은 왕광지가 또 다시 찾아오니, 재상이 얼굴색도 음성도 바꾸지 않고 말했다. "황위계승자*께서 아직 동궁에 계셔서 자연스럽게

---

* 즉 원래의 황제 이단을 말한다.

제위를 이어받으실 것이므로 태자를 세울 일은 없다."

왕광지는 누가 나서서 반대하리라고는 생각도 하지 않은 터라 잠시 무슨 말을 해야 할 줄을 몰라 물러날 수밖에 없었다.

왕광지가 일을 꾸미는 것이 시원치 못해서 무측천은 비록 마음은 무씨 집안을 향하고 있으나, 그 뜻을 정하지 못하고 관리들의 의견을 들어 보았다. 그 결과는 대신들이 모두 반대하며 재상 또한 그러하므로 무측천도 단념하였다. 그러나 이 일은 무승사를 우두머리로 하는 무씨 세력들을 자극하였으니 그들은 혹리 내준신에게 명하여 재상 등 사람들이 모반하였다고 모함하여 대신 수십 명을 주살하였다.

조정에서 반대하던 사람들이 모두 죽은 절호의 기회를 이용하여 무승사는 다시 왕광지로 하여금 무측천을 대면하여 "무성태자武姓太子"론을 설파하게 일을 꾸몄다.

왕광지가 말했다. "신도 이성후손不同姓氏之後代를 보우保佑하지 않으며 백성들도 성이 다른 성씨의 선조를 제사지내지 않습니다. 지금 무씨 천하인데 어찌 이씨 성을 가진 사람이 그 뒤를 이을 수가 있겠습니까?"

무측천은 잠시 아무런 반응이 없더니, 왕광지에게 특별한 통행증을 내려 주면서 말했다. "네가 나를 보고자 하면 이 증을 가지고 출입하도록 하라."

그러나 왕광지는 성질이 너무 급해서, 이 증을 얻은 다음 마음대로 출입하며 매일 접견을 청했다. 무측천도 무승사가 후계자가 되고 싶어서 배후에서 지시하는 것을 알았고, 그녀 또한 그렇게 반대하는 것은 아니었지만 너무 급하게 졸라대니 불쾌한 마음이 생겼다.

어느 날 왕광지가 다시 와서 무승사를 태자로 세우는 일을 주청하자 이 여황제도 성이 나서 풍각시랑風閣侍郞 이소덕李昭德에게 명하여 그에게 곤장을 치도록 했다. 이소덕은 이씨 성으로 울분에 차 있던 터라 이 기회를 이용해서 왕광지를 대전 밖으로 끌고 나가 조정 대신들을 향해 큰 소리로 말했다. "이 천한 놈이 황제를 홀려서 황위 계승하실 우리 님을 폐하고 황위계승자를 무씨로 바꾸려 하네." 그런 다음 좌우에 명하여 왕광지를 매우 심하게 치게 하니 그들은 왕광지가 가죽이 터지고, 살이 찢어지며, 귀와 눈으로 피를 흘리다가 죽을 때까지 쳤다.

비록 왕광지 사건이 실패하였지만 무측천은 여전히 무씨 집안에 제위를 물려줄 생각을 갖고 있었다. 그녀는 한 사건에서 이러한 자신의 마음을 행동으로 보여 주었다.

기원 693년 무측천은 만상신궁萬象神宮에서 제를 올리면서 뜻밖에도 조카 무승서로 하여금 두 번째로 제례하고, 무삼사武三思로 하여금 마지막으로 제례하게 하는가 하면, 정작 정식 황위 계승자 이단은 한쪽에 방치하고 냉대하여 심히 난처하게 만들었다.

무측천의 이런 행동은 의심할 나위 없이 조카들을 격려하는 것이며, 이에 고무된 무승사는 이단을 모함하였는데 천만다행으로 의인義人이 나서 목숨으로 그를 위해 변소하니 이단의 생명은 겨우 지켜졌는바, 이것이 앞에서 본 안금장이 할복하여 주군을 구한 이야기이다.

이소덕은 무측천이 무승사를 태자로 내세울 뜻을 가진 것을 보고 간했다. "천황*은 폐하의 부군이며, 황위계승자**는 폐하의 아들입니다. 폐하가 천하를 가졌으니 당연히 자신의 자손에게 물려져서 천추만대의 위업을 이어갈 일이지, 어찌 다른 사람에게 줄 수 있겠습니까? 저희들은 고모가 조카에게 제위를 물려 주었다는 선례를 말하지 못하며, 예로부터 조카가 천하를 위해, 또 고모를 위해 사직을 일으킨다는 말도 들어 보지 못했습니다. 만약 천하를 무승사에게 내려 주신다면 선제께서도 제사를 받지 못할 일이니 폐하께서 신중히 살펴 보실 일입니다."

이소덕의 일장 논설로 무측천의 마음도 다소 동요되었는데, 이소덕은 이 기회에 또 말했다. "무승사는 권세가 너무 막강하여 황위를 위태롭게 할 수도 있습니다."

무측천 또한 무승사가 너무 급해 어찌할 수 없는지라 그의 재상 직위를 박탈했다. 그렇다고 무측천이 이로 인해서 결단을 내린 것은 아니어서, 이 문제는 뒤로 미루어졌다.

이런 사정으로 다시 고뇌하던 무측천은 이소덕에게도 본때를 보여 주리라 생각하여 기원 694년 이소덕을 의심하여 유배에 처하고, 무승사와 무삼사는 다시 재상으로 기용하였다. 이들은 나라를 다스릴 줄 모르고, 적을 제어할 능력도 없었으나, 아첨만은 상당히 잘해서 무측천은 역시 무씨들이 그래도 가장 충성스런 수하들이라고 생각하게 되었다. 그러나 다수의 조정대신들은 나라가 여전히 이씨의 것이며,

* 고종 이치를 말한다.
** 예종 이단을 말한다.

주나라의 여자 황제는 실제로는 이씨 왕조의 황태후라고 여김에 추호의 망설임이나 의문을 갖고 있지 않았다. 아무도 무승사 등 무리를 동료로 여기지 않은데, 하물며 그들이 무능하고 부덕함에 이르러서는 더 말할 것도 없었다.

하루는 무측천과 재상 적인걸狄仁杰이 다시 이 문제를 이야기했다. 적인걸은 이씨 종실을 지지하니 무측천은 다소간 실망하여 그녀는 적인걸이 비록 충성스럽지만 여전히 당의 신하로 자처하고 무측천의 편에 서서 생각하지 않는다고 생각되었다. 그래서 그녀는 말했다. "이것은 짐의 집안일이니 그대는 더 말을 말라."

적인걸은 반박해서 말했다. "폐하는 사해四海를 집으로 하며, 사해 안의 일이 모두 폐하의 집안 일입니다. 폐하는 군왕이고 저는 폐하를 보좌하는 신하인데, 도의상 말하자면 저와 폐하는 함께하는 것이지요. 하물며 신이 재상인 바에야 태자를 세워 왕위를 계승하는 이런 큰일에 어찌 관여하지 않을 수 있겠습니까?"

무측천은 참으로 난처했다. 그녀는 선제와 같이 제사를 받고자 한 것이 아니고, 그녀가 한손으로 일으킨 주왕조를 대대로 이어가게 하고 싶었던 것이다. 그녀는 용과 봉황을 거꾸로 서게 하고, 하늘과 땅을 뒤집어 놓을 수도 있었으나龍鳳顚倒, 乾坤顚倒 조종의 규범만은 도저히 뒤집을 수 없었다. 이소덕의 말도 틀린 말이 아니었다. 만약 조카를 황위계승자로 세운다면 주씨 정권은 보전하겠지만 이후 제위를 잇는 자들이 그녀를 조종의 사당에 모시고 제사를 지내지는 않을 것이다. 왜냐하면 그녀는 무씨 집안 출신이나 이미 시집간 여인이니 봉건사회에서 바로 출가외인이며, 기껏해야 황제의 고모에 불과한 것이었다. 만약 자기 아들을 황위계승자로 세워 장차 황위를 계승하게 한다면 그녀는 극히 자연스럽게 정통적인 황후의 지위를 지키고, 부군 고종과 함께 자손들의 제사를 받을 수 있을 터였다.

그러나 이것은 자신이 이미 타파한 구시대의 전통으로 돌아가는 것이요, 고생고생 꾸려 온 주씨 정권을 다시 다른 사람에게 바치는 꼴이 아닌가?

하루는 무측천이 기이한 꿈을 꾸었다. 한 마리 매우 큰 앵무새가 꽃밭에서 날개를 활짝 펴고 높이 나는데 날개가 아름답고 화려하며, 소리가 청아했다. 그러나 어찌 생각하였으랴. 갑자기 큰 바람이 불더니 앵무새의 두 날개가 떨어져 나가고 앵무새는 쫘당 추락하였다. 무측천은 너무 이상해서 재상 적인걸과 이 사건을 이야기했다.

적인걸은 갑자기 웃더니 해몽을 말했다. "신의 견해로는 이 꿈이 의미하는 바가 심오합니다. 앵무새鵡는 바로 무武를 뜻하니 바로 폐하의 성이며, 한쌍의 날개는 바로 폐하의 두 아들입니다. 현재 여릉왕 이현은 폐위되어 궁 밖에 있고, 황위계승자 이단은 궁안에 유폐되어 있습니다. 그러니 앵무새가 두 날개를 잘린 꼴이 된 것입니다. 만약 폐하께서 자신의 아들을 다시 기용한다면 앵무새는 두 날개를 건강하게 다시 찾아 펼치고 높이 날 것입니다."

무측천이 물었다. "경의 뜻은 내가 의당 여릉왕 이현이나, 황위계승자 이단을 태자로 세워야 한다는 것인가?"

"바로 그렇습니다." 적인걸이 대답했다. "신이 알기로 폐하는 태자를 세우는 이 일을 망설이며 결정하지 못하시고 계십니다. 신은 무씨 형제들과 무슨 피맺힌 철천지의 원수도 아니며, 폐하의 황자들 또한 신에게 은총이라 할 만한 것을 베푼 적이 없습니다. 다만 폐하의 이 나라를 위해 생각해 본 것뿐입니다."

무측천은 고개를 끄덕이고 말했다. "경이 볼 때 짐의 두 아들 중 누구를 세우는 것이 보다 낫겠는가?"

적인걸이 말했다. "당연히 여릉왕 이현입니다. 그는 어쨌든 폐하의 장자이며, 하물며 유주에서 거란에 포위되었을 때도 여릉왕이라는 깃발을 높이 들었습니다. 신은 폐하가 여릉왕을 다시 불러들인다면 일거에 천하를 안정시키게 되리라 여깁니다."

무측천은 오랫동안 침묵하더니, 고개를 끄덕여 찬성했다.

재상 길욱吉頊도 틈을 봐서 무측천에게 간했다. "옳은 말씀입니다, 폐하. 하대 이전에 천하는 천하인의 것이었으며, 성씨의 구분이 없었으나 하대부터 지금까지 한성姓의 천하로 이미 수천 년을 내려 왔습니다. 한족 집안의 나라를 다스리는 법도상 아비가 아들에게 물려주며, 천하의 조종 종법이 있을 뿐 아니라, 여인은 바깥일을 주재하지 않고, 집안일을 처리할 수 있을 뿐이라는 규범도 있습니다. 폐하의 오늘이 있게 된 것은 그래도 하늘의 뜻이라 하겠으나, 하늘이 평범한 사람을 보우하지는 않습니다. 수천 년 동안 누군가 천하를 세우면 바로 그 성씨만이 천자에 올라야 한다는 관념이 사람들의 마음에 너무 깊이 들어 있습니다. 그 위에 태종께서 베푼 정관의 치貞觀之治의 은덕을 백성들은 잊지 못하므로, 이씨성 자손을 황위 계승자로 하신다면 자연스레 하늘의 보우를 받으실 수 있을 것입니다. 장유의 순서에 따른다면 마땅히 여릉왕이 옳습니다."

재상 왕방경王方慶과 왕급선王及善도 무측천에게 여릉왕 이현을 불러들이라고 간했다.

재상 길욱은 아예 쇠뿔도 단김에 뽑자고 나서서 무측천의 두 남총 장역지張易之와 장창종張昌宗을 찾아서 그들에게 말했다. "너희 두 형제는 전횡발호하여 대신들과 원한이 너무 깊다. 폐하가 붕어하신 후에 너희들이 자신을 지키고자 한다면 반드시 새로이 의지할 산이 있어야 할 것이다. 만약 너희들이 황태자를 세우는 일에 참여하여 황제에게 여릉황을 태자로 세우도록 말씀 드린다면 장차의 새로운 황제는 오래된 은혜에 생각이 미쳐 그래도 너희들의 죄상을 눈감아 줄 것이다." 장역지 형제들은 듣고 나서 일리가 있다고 생각하여 무씨 형제를 포기하고, 여황제에게 베갯머리송사枕頭風로 이현에 대해 좋게 말을 하였다.

무측천이 보아하니 조정 중신들이 모두 이씨성을 황위계승자로 지지하는지라 할 수 없이 결단을 내려서 조카를 태자로 세우려는 생각을 깨끗이 잊고, 외지에 나가 있는 여릉왕을 불러들이기로 결정했다.

기원 698년 무측천은 이현을 비밀리에 낙양으로 다시 받아들였다. 당시의 태자 이단은 모친의 뜻을 헤아리고 수차 병을 빙자하여 조정에 나가지 아니하고 황위계승자의 직위를 형인 이현에게 넘기겠다고 완강히 청했다. 무측천은 바람 따라 배를 몰듯이 이단의 주청을 수락하고 이현을 태자로 세웠으며, 이단은 상왕相王에 봉했다.

무승사는 눈 뻔히 뜨고 태자의 지위를 놓치자 분하고 원통스런 마음을 누르지 못하고, 드러누워 병을 얻어 죽고 말았으니, 이로써 손아픈 황위 계승 문제가 드디어 해결되었다.

무측천은 황위를 아들에게 물려주었을 때 자기가 죽은 후 이씨 왕조의 종실이 무씨 집안사람들을 사지로 몰아넣을지도 모른다고 걱정했다. 그래서 그녀는 두 가지를 동시에 해결할 방도를 찾았으니, 무씨 조카와 이씨 아들, 딸을 불러서 그들을 사당에서 함께 제를 올리고 서로 돕겠다고 하늘과 땅에 함께 선서하게 하고, 그 선서를 돌에 새겨서 사관史館에 보관하게 하였다. 이씨, 무씨 두 집안의 반목을 완화하고자 무측천은 참으로 고심하였던 것이다.

기원 704년, 80여 세의 무측천은 병이 중하여 장생전長生殿 깊은 곳에 거처하며, 몇 개월씩 재상을 접견하지 않았으며, 주위에는 장씨 형제만이 그녀의 시중을 들고 있었다. 장씨 형제는 자신들의 죄상이 하도 많아 여황제의 비호가 없이는 살아남지 못하리라 생각되어, 놀랍게도 주제넘게 자신들이 황제를 하고자 했다.

무측천이 비밀스레 은거하며 사람들을 만나지 않고, 장씨 형제들의 행적이 비밀스럽고 수상해진 것은 조정 대신들의 주의를 끌었다.

기원 705년 재상 장간지張柬之 등 다섯 사람은 비밀리에 계획을 세워 선수를 쳐서 정변을 일으키기로 했다. 10월 22일, 장간지 등은 500명의 어림군御林軍을 이끌고, 현무문玄武門에 이르러 동궁으로 사람을 보내 이현을 모셔 오게 하고, 스스로는 사람들을 데리고 무측천이 기거하는 침궁으로 갔다. 이현은 놀라서 감히 궁을 나오지 못했으나,

사람들이 강제로 안아 말등에 태우고 영선궁迎仙宮으로 갔다. 이때쯤 장영기와 장창종은 이미 피살되었다. 모두가 이현을 에워싸고 무측천의 침궁으로 들어갔다.

무측천이 물었다. "누가 난동을 부리는가?"

장간지가 말했다. "장역지와 장창종이 모반을 했기에 우리는 태자의 명을 받들어 죽였습니다. 비밀이 샐까 걱정되어 폐하에게 함부로 말씀드릴 수 없었습니다."

무측천은 이현을 무섭게 노려보았다. "원래가 네놈의 짓이렷다. 장씨 형제가 이미 죽었다면 너는 빨리 궁으로 돌아갈 것이지 뭣 하는 짓인가?"

무리의 사람들이 움직이지 않았다. 환언범桓彦范이 주청했다. "태자께서는 동궁으로 돌아가실 수 없습니다. 청컨대 폐하께서 제위를 태자께로 물려주시어 위로 천심을 따르고, 아래로 백성들의 바람을 버리지 마시지요上順天心, 下不負民望."

무측천이 사방을 돌아보니 모든 사람들의 마음이 이미 정해진 터라, 할 수 없이 제위를 물린다고 전교를 내렸다.

24일, 이현이 정식으로 즉위하니 바로 당나라 중종이다. 장간지 등 사람은 주나라를 폐하고 당을 세우는데 공을 세워 당 중종에 의해 왕으로 봉해졌는데, 이 일을 가리켜 5왕의 정변이라 한다.

25일, 무측천은 낙양궁 서남쪽의 상양궁上陽宮으로 옮겨 갔다.

26일, 중종은 백관을 거느리고 문안을 갔으며, 그의 모친에게 '측천대성황제則天大聖皇帝'라는 존호를 올렸다.

11월 11일, 무측천은 상양궁에서 죽었다. 당 중종은 그녀의 영구를 장안으로 호송하여 그녀를 당 고종과 함께 건릉乾陵에 합장했다. 그녀의 유지에 따라 묘 앞에 비를 세웠는데 비에는 한 자도 없으니, 사가들은 이를 무자비無字碑라 일컫는다. 일생의 공과는 후세 사람이 평하게 두라는 뜻이리라.

무측천을 당 고종과 합장하는 일에 대하여 조정의 관리 엄선사嚴善思가 상소를 올렸다. "존귀한 분이 먼저 장을 치르면 지위가 낮은 사람은 자신의 장을 치러 들어가지 않아야 합니다. 그렇지 않으면 존귀한 사람을 놀라게 할 것입니다. 그 위에 예로부터 여러 황후들은 황제와 합장하지 않았으니, 건릉 옆에 다시 능침을 세워 무후를 안치했으면 합니다."

백관들과 자세한 토론을 거친 후 중종은 무후의 유지를 존중하여 무후를 건릉에 합장하라고 최후로 교지를 내렸다.

무측천의 사후 그녀의 시호는 여러 번 바뀌었는데, '천후天后', '대성천후大聖天后', '천후황제天后皇帝', '성후聖后', '측천황후則天皇后' 등이다. 기원 749년에 이르러 이륭기李隆基는 끝으로 무측천의 시호를 '측천순성황후則天順聖皇后'로 정했다.

무측천의 역사상의 공과는 그녀 스스로 자신에게 내려준 무자비와 같이, 후세 역사가 평론하고 판단할 수 있을 뿐이다.

양귀비

그녀도 측천무후와 같이 일찍이 부자(父子) 사이인 두 남자를 선후로 시봉하였다. 그녀의 미색은 꽃을 무색하게 하고, 그녀의 자태에 황제가 스스로 빠져 들었다. 그녀는 음률에 통달하고, 가무에 능했으며, 시를 읊고, 그림에 재능을 보이는 등 재색을 겸비한 범상치 않은 여자였다. 그녀는 정치를 좋아하지 않으며 세상사에 나서서 다투지 않았으나, 사관은 그녀를 안사의 난의 수괴요 화근이라 칭하며, '홍안화수(紅顔禍水:紅顔은 미모를 가리키며, 禍水는 재난의 원인을 뜻하니, 재난의 근원이 된 미인이란 뜻)'라는 죄명을 붙였다. 만약 이대로라면 아름다운 것은 그 자체로 잘못된 것인지……

―양옥환(楊玉環, 719~756)

양귀비
楊貴妃

양씨집안에 막 꽃처럼 피어나는
여자 아이가 있다 : 楊家有女初長成

양귀비는 아명이 옥환으로 호는 태진太眞이며 당나라 포주 영락浦州 永樂* 사람으로 개원 7년(서기 719년) 6월 1일 촉군蜀郡**에서 태어났다. 그녀의 집안은 권문세가로 그 증조부 양왕汪이 수나라 때 상주국上柱 國, 이부상서吏部尙書 등 벼슬을 했다가 당나라 초기 이세민에 의해 죽임을 당했고, 부친 양현염玄琰은 촉주의 사호司戶였고, 숙부 양현규玄珪 는 하남부 사조士曹를 지냈다. 양옥환은 어린 시절을 사천에서 지내

---

* 오늘날의 산서성 영제(永濟)를 말한다.
** 오늘날의 사천성 성도(成都)를 말한다.

고, 10세 전후에 부모가 모두 세상을 버리니 낙양의 숙부 양현규의 집에서 얹혀살게 되었다.

옥환은 생김새가 풍만하고 요염하여 경성경국傾城傾國의 미인이었다.* 사람들은 늘 '수화羞花'** 이 한마디 말로 옥환의 아름다움을 형용하였다. 전해 오는 바로는 양옥환은 수왕부壽王府에 들어와 수왕의 비가 된 후 고향을 매우 그리워했다고 한다. 어느 날 그녀는 화원에서 꽃을 감상하다 마음이 산란해졌다. 활짝 핀 모란이며 월계를 보니 궁 안에 갇혀서 청춘을 허송하는 자신이 처량하여 절로 탄식하며 활짝 핀 꽃을 향해 말했다. "꽃아, 꽃아! 너는 그래도 매년 활짝 필 때가 있는데, 나는 어느 세월에 세상에 나설 수 있을까?" 말을 마치고 나니 눈물이 절로 흘렀다. 그녀가 꽃을 한번 만지니 꽃은 이내 시들어 버리고, 잎은 오그라들었다. 이 모습을 본 한 궁녀가 도처에 말을 퍼트렸는데 양옥환이 꽃과 아름다움을 견주니 꽃도 부끄러워 고개를 떨구었다는 것이다.

숙부집의 교육환경이 좋아서 옥환은 사서삼경을 배울 기회가 있었다. 숙부는 그녀의 가정교육에 매우 엄격하여 그녀는 매일 많은 양의 시문詩文을 외워야 했다. 총명하고 영리한 양옥환은 춤에도 천부적인 재주가 있었다. 양옥환의 부친은 생전에 그녀에게 음악까지만 허용했으나 그녀는 부친 몰래 춤과 노래를 배웠다. 장안 귀족 집안의 딸은 모두 조금은 가무를 배울 수 있었기에 그녀는 부친이 보수적일 뿐 아

---

* 성을 함락시키고 나라를 기울게 할 정도의 미인을 뜻한다.
** 꽃이 오히려 부끄럽다는 뜻이다.

니라 완고하다고 여기고 머리를 써서 부친 앞에서는 고분고분 말을 듣고 매일 열심히 책을 읽었으나 부친 몰래 그녀가 하고 싶은 것은 무엇이든 다 했으니, 장안 여자들 사이에 유행하는 놀이는 뭐든지 다 흥미가 있었던 것이다. 그 외에도 그녀는 호승심이 강하여 뭐든지 친척 여자 중 최고로 잘 하려고 했다. 옥환이 낙양에 온 후 숙부 집에서 지내다 한 시녀를 알게 되었는데 그녀는 가무를 하던 기생 출신으로 나이가 많아서 시녀로 팔려온 여자였다. 그러나 그녀의 춤 솜씨는 여전히 매우 좋았으므로 양옥환은 몰래 그녀에게 호선무胡旋舞를 배웠다.

후일 양옥환이 당 현종의 애비愛妃가 된 후 그녀의 천부적인 춤 재주는 최고의 경지까지 발휘되었다. 양옥환은 새로운 곡에 대해 즉흥적으로 춤을 출 수 있었으며, 당 현종은 너무 좋아서 늘 직접 반주를 했다.

그 시절 여자들은 평상시 집 밖으로 나다니거나 바깥 사람을 만날 수 없었다. 그런데 어찌하여 관료집안 출신의 일개 여자에 불과한 양옥환이 당 현종을 알게 되고, 나아가 그가 가장 사랑하는 비가 되었을까? 사정을 말하자면 양씨 집안의 먼 친척의 이야기에서부터 시작해야 할 것 같다.

양씨 집안에 양신명楊愼名이라는 친척이 있었는데, 조정에서 감찰어사監察御使를 하고 있었다. 양신명은 낙양으로 이사 온 후, 늘 양현규의 집에 놀러 왔으므로 자연히 젊고 어여쁜 양옥환을 알게 되었다.

양신명의 처는 양옥환을 보더니 바로 자기 집에서 여는 잔치에 오라고 초청을 했다. 양신명에게는 두 형제가 있었는데, 모두 조정의 인물들로서 그 명망이 자자하여 그들이 교제하는 사람들 중에는 조정 대신들 뿐 아니라 궁정의 귀족들도 있었다. 양신명 부부는 모두 사람들과 교제하는 것을 좋아하여 늘 집에서 연회를 베풀어 상류층 사람들을 초청했다. 그러다보니 그 집안은 항상 빈객들로 시끌벅적했다. 그 당시 양옥환은 막 10여 세로 놀기 좋아할 나이인데 양신명의 처가 그녀를 초청하니 그녀 또한 기뻐하며 참석했다. 그녀가 두 번 갔을 뿐인데 귀부인들이 그 아름다움을 찬탄하게 되었다.

오래지 않아 양옥환의 미모는 낙양성 안에 쫙 퍼졌다. 왕공귀족 집안의 많은 여자들이 양현규는 몰라도, 양옥환은 대부분 알고 있었다. 시간이 흐르면서 양현규의 지명도도 높아졌다.

양옥환이 상류사회 모임에 나가는 수가 늘어나면서 그녀도 일군의 권문귀족들과 알게 될 기회가 생겼다. 그중 하나가 중종황제의 장녕長寧공주 — 황족 중에서도 유명한 공주 중 한 명이다 — 로 양신교楊愼交에게 시집갔다가 양신교가 죽은 다음 이미 중년이었음에도 다시 소언백蘇彥伯에게 시집을 간 여인이다. 이 여인이 갑자기 양옥환을 찾아왔다. 그녀가 온 것은 자신의 아들 양회楊洄의 혼사 때문인데, 그녀의 미래의 며느리는 바로 황제가 가장 총애하는 함의咸宜공주였다. 그녀는 수많은 일로 관부의 낮은 관원들과 연락하려 했다.

뜻밖에도 황제의 사촌 여동생을 맞게 된 양옥환은 쭈뼛거리며 매우 불안해 했다. 그러나 장녕공주는 그녀를 처음 보자마자 당장 마음에 들어하며 어느 집 여식이며, 부친은 누구인지 묻고는 자신의 머리에서 비녀 한 개를 뽑아서 만난 기념으로 주었다. 이로써 양옥환은 생애 최초로 당나라 황족 사람과 만나게 되었다.

양신명은 현명한 사람이라 양옥환이 국색천향國色天香을 갖춘 데다가 사람들이 매우 좋아하므로 이후 반드시 크게 부귀를 누릴 여자인 것을 알아보고는 곳곳에 신경을 써 양옥환이 더욱 많은 사람들과 알게 되도록 기회를 만들었다.

개원 23년 7월 당 현종의 딸 함의공주가 낙양에서 성대한 결혼식을 올렸다. 지방의 작은 관직을 지키던 양현규가 뜻밖에도 청첩장을 받고, 양옥환은 더욱 특별한 초청을 받았으니 예식 중 공주의 뒤를 따라다니며 들러리를 서라는 것이었다. 청첩장과 초청장은 모두 양신명이 가져왔는데 양현규가 의구심을 갖고 걱정하다가, 양신명이 그에게 양회와 그는 파만 다를 뿐 같은 성씨 집안이라고 설명한 다음에야 양현규는 안심하고 청첩장을 받았다.

이 뜻밖의 초청은 양옥환을 놀라게 했으니, 그녀로서는 신기하면서도 뜻밖이었다. 10여 세의 이 여아는 아직 권력에 대한 아무런 의식이 없고, 다만 본능적으로 외부 세계를 보고 싶어 하는 것뿐이었던 것이다. 당시 들러리는 모두 8명이었는데 그녀 외에는 모두 황제의 친척 딸들이었다. 양부養父의 관직이 낮으므로 그녀는 감히 틸 생각을 하지 못하고 들러리 대오를 따라 고개를 숙이고 천천히 순서에 따라 입장하였으나 그럼에도 불구하고 모든 사람들의 주의를 끌었다. 일찍이 양씨집 딸이 예쁘다고 들었으나, 지금 보니 "요염함이 한 무리 꽃 향기를 압도한다艶壓群芳."는 것이 무슨 말인지 비로소 알겠다는 것이었다.

함의공주도 들러리 중 한 여자가 너무 아름답다는 말을 듣고는 참지 못하고 달려와 보았다. 그녀의 결혼식은 당연히 손님들로 북적였다. 그중에는 황제, 무혜비武惠妃와 장녕공주 등을 포함하여 많은 사람들이 있었으며, 당 현종의 30여 명의 자녀들도 있었는데 그중 18세가 된 황자 수壽왕 이모李瑁도 있었다. 수왕은 함의공주의 동생으로 무혜비의 유일한 아들이었으며 아직 결혼하지 않은 젊은 청년이다. 이번의 함의공주 결혼식은 한편으로 식장에서 그에게 마음에 드는 비를 구해 주고자 하는 뜻도 있었다.

결혼식이 끝난 후 들러리들도 자유로이 행동을 할 수 있게 하였으므로, 그들은 공주를 따라다닐 필요가 없이 안내하는 사람을 따라서 궁전에서 춤과 서커스를 보게 되었다.

양옥환은 여러 귀부인들 틈에 있으면서 심적으로 다소 불안하기도 했으나 한편으로는 매우 즐거웠으니, 이날 하루 동안 그녀는 여러 사람들의 눈길을 끌었기 때문이다.

떠나기에 앞서 함의공주는 옆에 있는 양옥환을 보더니 곁으로 다가와 작은 소리로 말했다. "동생, 모두들 네가 어여쁘다고 칭찬하는구나." 잠시 쉬었다가 다시 이어서 말했다. "결혼식이 끝난 후에도 넌 수시로 부마도부駙馬都府에 와서 나를 만나도 돼. 부마 양회는 너희들과 일가야!"

예의범절로 말한다면 이날 신부는 말을 하면 안 되고, 들러리 또한 그랬다. 그러나 함의공주는 개의치 않았다. 양옥환은 놀라기도 하고, 대답하지 않는 것도 미안해서 낮은 소리로 말했다. "공주님 과찬이십니다." 그런 후 그녀는 다른 들러리들과 함께 구경을 갔다.

함의공주와 양옥환이 가만히 속삭이는 것을 그리 멀지 않은 곳에 있던 함의공주의 동생—수왕이 봤다. 수왕은 벌써부터 양옥환에게 눈길을 두고 저도 모르게 그녀의 아름다운 모습을 쫓고 있었다. 수왕은 용모가 당당하고, 성숙 자중하였으며, 겸손하고, 자연스러워 거만한 구석은 조금도 없었다.

수왕은 아침에 누나가 나올 때부터 그녀를 따라다니는 하늘의 선녀 같은 이 여자를 주의 깊게 봤으니, 그의 눈에 그녀는 풍만하고 아름다웠던 것이다. 그리하여 그는 결혼식이 끝난 후 가만히 누나 곁으로 다가와 말했다. "누나 저 여자는 누구야? 내가 한 번도 못 본 것 같아." 말을 마치자 그의 눈은 그리 멀지 않는 곳에 있는 양옥환에게로 향하였다.

"아, 하남부 토조河南府 土曹 양현국楊玄國의 질녀인데, 넌 아마 잘 모를 거야." 함의공주는 가만히 웃으며 한마디 더 붙였다. "저 아이는 정말 신기한 여자야. 매우 아름다울 뿐 아니라, 음악이며 바둑, 서화 등 있는 대로 다 정통해!"

수왕은 듣고 나서 감탄하여 말했다. "과연 기이한 여자네 내 궁 안에서 지금까지 자랐는데 이렇게 아름다운 여자는 어디서도 본 일이 없었어!"

함의공주가 듣더니 살며시 웃으며 말했다. "동생이 좋아한다면 누나가 일을 꾸며서 네 비가 되게 해 보마!"

수왕은 자기도 모르게 얼굴이 붉어졌다. "누님, 무슨 말씀을! 나는 그냥 물어본 것뿐이에요." 하고는 가 버렸다.

함의공주는 뒤에서 웃더니, 며칠 후 모친 무혜비 앞에서 이 일을 다시 언급했다. 무혜비도 양씨 집안에 아주 예쁜 딸이 있다는 말을 들었던 터라 사람을 보내서 양옥환의 가정 사정을 알아 봤다. 사람을 통해 집안 사정을 알아 본 다음, 무혜비는 양옥환에 대해 크게 만족하여 당 현종에게 양옥환을 수왕의 비로 책봉해 달라고 청했다.

현종은 함의공주의 결혼식에서 뜻밖에 양옥환에게까지 주의가 미치지 못해 아직 그녀를 보지 못하였었다.

이 시절 무혜비는 현종이 가장 총애하는 비로 비록 무측천(측천무후)의 조카였던 관계로 황후에 봉해질 수는 없었지만 사실상 당 현종의 황후와 다를 바 없었으므로 현종도 무혜비의 청을 들어주었다.

현종에게는 50여 명의 자녀가 있었는데 수왕은 그중 18번째이다. 양옥환은 처음에 수왕과 마주친 일이 별로 없었으며 수왕도 그녀에게 그리 대단한 감정은 없었으나 그녀를 처음 본 순간 마음에 들어 결혼 후에도 매우 살갑게 잘해줬다. 수왕은 관후인자하며 겸허하고 상대방을 공경하여 오래도록 한마음이었으니, 양옥환도 점점 그에 대한 정이 솟아나 두 사람은 결혼 후 한동안 행복한 시절을 보냈다.

당 현종과 양귀비 - 천륜을 어지럽힌 사랑 : 亂倫之愛

양옥환이 수왕의 비가 되니, 그녀의 시어머니는 바로 무혜비로 당 현종이 가장 아끼는 비였다. 무혜비는 이때 38세가 채 되지 아니한 나이로 한창 때였으니, 그녀로서는 눈앞의 풍만한 며느리가 장차 자기 남편이 가장 사랑하는 여인이 되리라고는 생각조차 할 수 없었다. 이 시기의 무혜비로서는 며느리의 일까지 생각할 겨를이 없었으니 그녀로서는 더 중요한 일이 있었기 때문이다. 그것은 바로 황위 계승자를 바꿔서 자기 아들을 태자로 세우는 일이었다.

무혜비는 비록 황제가 가장 총애하는 비였으나, 끝내 황후의 자리를 얻을 수는 없었다. 현종은 황후 왕씨를 폐한 후 그녀를 황후로 세우고 싶다고 공개적으로 뜻을 밝혔었다. 그러나 대신과 이 일을 상의할 때, 반호례潘好禮라는 어사御使가 극력 반대하였다. 그는 무측천이 정치를 어지럽히며, 스스로 여황제의 자리에 오른 사실을 상기시키며, "무혜비는 무측천의 조카의 딸인데 폐하가 다시 혜비를 황후로 세웠다가는 천하 사람들에게 이를 어떻게 설명할 수 있겠습니까?" 하며 간했다. 현종도 이 일장 담론을 듣고는 무혜비를 황후로 세우는 일을 두 번 다시 꺼내지 않았다. 무혜비는 참을 수 없을 만큼 화났지만 그녀 역시 뾰쪽한 수가 없었으니, 조정 대신 중 아무도 그녀를 위하여 말해 주는 사람이 없었기 때문이다. 그리하여 그녀는 가만히 결심했으니, 그녀의 아들 이모李瑁를 태자로 세우는 일만은 반드시 쟁취하여야겠다는 것이었다.

당시의 태자는 이영瑛으로 현종과 조려趙麗비 소생으로 이미 30세 가까이 되었고, 총명하고 학문을 좋아했으며, 재주가 있는 것 외에 그 사람됨이 언제나 자기 분수를 지킬 줄 알았다.

이영 외에도 황자 중 이요瑤, 이거瑤가 이모의 경쟁 상대였다. 그들은 무혜비를 제외하고는 다른 사람들이 자기들을 억압하지 않고 있는 상황이라 하나로 뭉쳐서 그녀에게 대항하려 했다. 무혜비가 이 사실을 알고는 자신이 먼저 선수를 쳐서 후환을 제거하는 것이 최선이라 생각하게 되었다.

하루는 무혜비가 그들 세 사람에게 사람을 보내서 현종의 궁에 도적이 들어왔으니 갑옷으로 무장하고 입궁하여 황제를 보호하도록 요청했다. 그들은 이 말을 사실로 믿고 그녀의 말대로 무장하여 궁으로 들어갔다. 무혜비는 곧바로 황제에게 태자 이영과 이요, 이거가 모의하여 모반하였으며, 이미 갑옷을 걸치고 당 현종의 침궁까지 도달했다고 말했다. 현종은 대노하여 바로 친필하명을 내려 이영, 이요, 이거 세 아들을 폐서인하고, 오래지 않아 다시 그들을 만리장성 동쪽 교외에서 자결하게 하였다. 당조에서 부자, 수족 간에 서로 죽이는 가정비극은 이번이 처음이 아니었다. 당 태종 이세민은 현무문의 변玄武門之變을 일으켜 황위에 올랐으며, 무측천은 자신의 친아들을 죽이고 여황제가 되었으니, 이 모든 것들은 사람들이 가벼이 잊을 수 없는 일이다.

이영 삼 형제가 죽고 나자, 무혜비는 자기 아들 이모를 태자로 책봉하는 앞길을 깨끗이 정리하고 자신의 야심을 채워 나갔다. 그녀는 이렇게만 하면 필시 원하는 대로 될 줄 알았으나 누가 알았으랴. 그녀의 승리는 너무 짧은 순간에 그쳤다. 현종은 후에 태자의 죽음에 억울한 사정이 있다는 말을 듣게 되었고, 그 외에 조정 대신들 중 많은 사람들이 이를 무혜비가 꾸민 짓으로 의심하고 있던 터라 현종도 가볍게 이모를 태자로 세우지 못하고 이런 저런 구실로 태자책봉을 뒤로 뒤로 미루었다. 무혜비는 조급하고 걱정도 되었지만 달리 수가 없었다. 게다가 그녀는 원래 병이 있었는데 뜻밖에 병이 중해져서 침상에서 일어나지 못하게 되었다. 그녀는 늘 꿈에서 태자 삼 형제의 원혼이 그녀의 목숨을 달라며 닦달하는데 시달렸다. 그녀는 늘 악몽 중에 "너희들 셋은 나를 놓지 못할까!"라고 크게 외치면서 깨어나서 궁 안에 개와 닭까지도 편안하게 있지 못하게 하더니 마침내는 정신이 나가서 실성하게 되었다. 개원 25년(서기 737년) 12월 무혜비의 병은 갈수록 중해지고 완전히 실성하여 말에 조리가 없더니 결국 겨울을 넘기지 못하고 죽었다. 그녀의 나이 이제 겨우 40세였으며, 태자 이영 삼 형제가 원통하게 죽은 지 7개월 만이었다.

무혜비의 죽음은 현종을 매우 비통하게 하였으니, 52세의 현종은 정신이 시들면서 한순간에 늙어 버린 것 같았다. 그는 항상 무혜비가 살았던 침궁에 혼자 서서 갑갑해 하며 즐거움을 모르고, 침식조차 불안해 했으며 한마디 말도 하지 않았다. 무혜비는 20여 년을 현종과 함께 했으니, 사실상 개원성세開元盛世의 전 기간이었다. 이 20여 년의 감정은 한마디 말로써 설명할 수 없고 하루아침, 저녁에 잊혀질 수도 없었다. 옛정을 좀체 잊지 못한 현종은 무혜비를 정순貞順황후로 추봉하고, 황후의 예로서 장안 교외에 안장하였으니, 무혜비는 생전에 얻지 못한 명분을 사후에 결국 얻었던 것이다. 아마도 일종의 보상심리이겠지만 이후 현종은 다시는 황후를 봉하는 일을 생각하지 않았다.

후일 귀비 양옥환이 비록 지극한 사랑을 받았지만, 살아서도 죽어서도 현종의 정식 황후正宮皇后의 이름은 얻어 보지 못했다.

무혜비가 비록 살아서나 죽어서나 끝없이 은총을 누렸지만 그녀가 절대 생각지 못했던 것은 충忠왕 이여璵*가 장유유서長幼有序, 장자를 세운다推長而立는 등 허울 좋은 명분으로 태자에 책봉되었다는 것이다. 그녀가 생전에 고생고생 이루어 놓은 일체가 물거품이 되어 버렸으니, 다른 사람을 위해 시집갈 옷을 장만해준 꼴이 되고 말았던 것이다. 더한 것은 그의 보배 같은 아들 이모의 왕비 또한 오래지 않아 현종의 새로운 애인이 되어 버렸으니, 그야말로 인간세상의 지독한 풍자가 아닌가? 무혜비가 지하에서 알았다면 틀림없이 죽어서도 눈을 편안히 감지 못했을 것이다.

현종이 울적하여 즐겁지 못한 모양을 태감** 고력사高力士는 눈여겨보았다. 고력사는 현종이 아끼고 믿는 내시로 현종을 여러 해 모셨다. 이융기隆基***가 아직 임치왕臨淄王일 때부터 고력사는 그의 내시였으며, 키가 크고 건장한 이 내시는 총명하고 재주가 있을 뿐 아니라 독서에 힘쓰며, 이융기에게 충성을 다하여서 그가 궁정정변을 일으키던 때부터 고력사는 그의 제1의 조수였다. 고력사는 현종을 깊이 이해했으므로, 현종의 마음속에 무혜비가 차지하는 비중을 잘 알았다. 현종의 후궁으로 미인들이 적지 않았으나 자색과 재주가 모두 무

---

* 후에 이향(亨)으로 개명했다.
** 당시는 황제의 내시를 태감(太監)이라 불렀으니, 아마 이후의 내시 또는 일반적인 내시보다는 계급적으로 높았던 것 같다.
*** 현종을 말한다.

혜비만은 못하였던 것이다.

　고력사는 충성심이 가득한 사람이었다. 한여름 어느 날 그는 현종에게 화청지華清池에 피서를 가서 기분 전환이라도 하라고 권하고는 현종을 위해서 특별한 만남의 장을 연출하였다.

　현종은 화청지에서 목욕한 후 궁으로 돌아오는 회랑走廊에서 한 여자를 발견하였다. 이 여인은 회랑 하나를 건너서 꽃 창가에 기대어 서늘한 바람을 쐬고 있었다. 구름 같이 쪽진 뒷머리며 부드러운 옷을 걸친 허리며 팔다리가 사람의 심혼을 흔들어 놓을 정도였다. 수시로 고개를 돌려 보니 반쯤 보이는 얼굴은 한 송이 부용꽃에 가려져 이것이 꽃인지 사람의 얼굴인지 구분할 수 없었다. 현종은 이 모습이 매우 낮이 익은 듯하여 자세히 생각해 보니 그녀가 막 세상을 버린 무혜비와 닮은 듯했다. 저도 모르게 그녀에 끌려서 그쪽으로 걸어가니, 이 여자는 고의로 그의 구미를 돋우는지 앞으로 걸어가며 일정한 거리를 유지하였다. 현종이 걸으면 여자도 걷고, 현종이 서면 여자도 서고, 걷다가 서고, 섰다가 걸으니 현종은 마음속으로 애가 탔다. 현종의 심혼을 온통 흔들어 놓은 이 여인은 바로 양옥환이었다.

　양옥환과 무혜비가 닮았다는 것은 그 한 사람만의 생각이 아니었다. 일찍이 수왕도 양옥환을 아내로 맞은 다음 그녀와 자신의 모친의 젊을 때 그림을 비교해 보고는 확실히 닮은 구석이 있다고 생각했었다.

　고력사도 이점을 꿰뚫어 보았으니, 그는 진작 양옥환이 무혜비와 닮았다는 것을 발견하고 수왕과 양옥환이 이 해에 화청지에 피서 온다는 사실을 알고 현종에게 그리로 피서를 가도록 권했던 것이다. 현종도 이전에 양옥환을 본적이 있었고, 국색천향의 이 며느리를 매우 좋아했지만 그냥 좋아하는 데서 그쳤지 다른 특별한 생각은 없었다. 그런데 이날 화청지에서 뜻밖에도 그녀가 자신의 애비 무혜비를 놀랄 정도로 닮은 것을 발견하고는 마음속에 그녀를 향한 모종의 특별한 감정이 생기는 것을 금할 수 없었다.

그날 저녁, 현종은 침상에 누웠으나 엎치락뒤치락 잠을 이루지 못하고 어렵게 하룻밤을 보내더니 다음날 아침 일찍 부스스한 얼굴로 고력사에게 한탄조로 말했다. "그 여인은 정말 사랑스러워! 짐의 마음이 좀체 떠나질 않네!"

고력사는 현종의 마음을 알아차리고, 그에게 말했다. "황제께서 수왕비를 좋아하신다면 제가 대신 그녀를 불러서 만나 보겠습니다."

현종은 다시 한탄조로 말했다. "한번 보는 게 모슨 소용이오. 내 이 상사병이 마음속 깊이 급소에 이른 듯한데."

그러자 고력사는 현종을 위해 한 가지 방안을 찾아냈다.

황제가 일개 여인을 가지는 것은 매우 쉬우나 그 여자가 자신의 며느리라면 명분이 안서고 말하기도 쉽지 않을 뿐 아니라 예법에도 맞지 않다. 그러나 현종은 황제인데, 황제가 필요로 하는 여인을 얻지 못한다는 것이 될 법이나 한 일인가? 그래서 고력사는 한 가지 우회적인 방법을 생각해냈다.

한번은 현종이 마구를 치면서 수왕비도 같이 가자고 초청했다. 마구는 말을 타고 하는 운동으로 페르샤에서 전래되어 수나라 시대 크게 성행했다가, 천하를 뒤흔든 전란 후 당나라 귀족들 사이에서 이

운동에 대한 향수가 일어 다시 유행하였다. 장안성 서쪽에 거대한 마구장이 지어졌으며, 귀족이든 평민이든 모두 자신들의 마구대馬球隊를 조직하였고, 미혼의 청춘 남녀들은 마구를 하면서 자신의 마음에 드는 사람을 고르기도 했다. 현종이 수왕비를 마구에 초청한 것도 약간은 "술 취한 영감의 마음은 술에 있는 것이 아니다醉翁之意不在酒."*라는 마음이 있었다. 마구를 치면서 현종은 다시 한 번 양옥환에 대한 자신의 정을 암시하고는 고력사를 시켜서 그녀를 모셔 돌려보내도록 했다. 고력사는 황제가 그에게 수왕비를 수행하여 돌려보내게 한 속마음을 알았고, 그리하여 마차 안에서 그는 황제의 양옥환에 대한 정념을 비교적 노골적으로 암시했다. 양옥환도 이미 짐작한 터라 놀라지 않았을 뿐 아니라 마음속으로 자신의 운명이 어떻게 될 것인가는 이 사람이 아마도 결정적인 작용을 할 것이라고 생각하여 대담하게 말했다.

"알겠습니다. 저로서도 황은에 감읍할 뿐입니다. 그러나 저는 수왕비, 즉 황제의 며느리가 되는 신분입니다. 저는 황제 폐하의 덕에 누가 될까 두려워서……." 그녀는 머리를 다 짜내어 도리를 생각해 낸 것이다. 황제를 무안하게 하지 않기 위해 그녀는 마음과는 달리 자신도 황제에게 마음이 없는 것이 아니라는 식으로 표현하였던 것이다.

고력사는 슬쩍 웃으며 고개를 끄덕이더니, 작은 소리로 말했다.

---

* 醉翁之意不在酒, 在乎山水之間也 : 송(宋)나라 구양수(歐陽修) 문집에 나오는 시로, 술을 빙자하여 다른 일을 꾸미는 것을 뜻하는데, 홍문의 연회에서 술에 취한 척 패공 유방을 겨냥한 칼춤을 이렇게 표현했다(項莊舞劍 意在沛公).

"제가 생각하기에는 안 될 게 없습니다."

그런 후 일장 도리를 설파하는 것이었다. "신하이며 자식이 되어 임금에게 온몸을 던져서 보은하는 것은 첫 번째 임무요, 진정한 충효라 할 것입니다. 그대와 수왕 전하 또한 예외 없이 이것이야말로 효도를 다하는 것입니다. 저는 책을 많이 읽지 않은 촌놈이지만 이것은 공맹孔孟의 도에도 맞는 것이라 생각합니다!"

고력사가 한 바탕 늘어놓은 도리에 양옥환은 어떻게 대답할 수가 없었다. 충군忠君, 효친孝親 이 두 가지 굴레의 무게는 참으로 무거웠던 것이다.

양옥환이 미처 생각하지도 못한 그녀의 묵인은 당 현종에게 강심제를 주사한 꼴이 되었다. 양옥환은 이해타산이 빠른 여자는 아니었지만 황제에게 거역했다가는 자기와 수왕의 앞날이 결코 좋지 않을 것이라는 것은 알고 있었다. 수왕은 비록 태자는 아니지만 사람됨이 관후하고, 성숙하며 무게가 있는데다가 재주도 있고 그위에 자기에게 무척이나 잘해주었다. 그러나 이미 그녀가 선택할 수 없게 되었으니, 정절과 권력의 사이에서 그녀는 다만 당 현종에게 순종하는 길을 걸을 수밖에 없었던 것이다.

아들 이모李瑁에 비하면 현종은 기품이나 재주에서 한층 출중했다. 그가 양옥환을 만났을 때는 50대 초반의 최전성기로 개원성세의 정점에 있을 때였다. 현란할 정도의 영광을 한 몸에 지닌 외에도 이 남자에게는 더욱 많은 장점이 있었으니, 성격이 과단하고, 재주가 있으며, 예능에도 밝았다. 이융기李隆基는 청년시절부터 풍모가 수려하고도 위세가 있어 의표가 비상하였으며, 나이가 이미 많이 들었어도 여전히 몸을 잘 돌보아 왔다. 이에 비해 이모는 젊다는 것 외에는 거의 아무 것도 없었다.

이듬해 정월 초이튿날, 바로 당 현종의 생모 두竇태후의 제사 때 일이다. 현종의 뜻에 따라 손자 며느리 되는 수왕비는 스스로 출가를 청원하여, 일개 도사道士가 되어 황제를 대신하여 두 태후에 대하여 제를 올리는 등 효孝를 다하였다. 이 결정은 모든 사람들을 놀라게 했다. 관계된 사람들은 모두 말은 안했지만 그 속내를 뻔히 알았다. 수왕은 눈물을 머금고, 자신의 비가 떠나는 것을 눈으로 전송하였다.

도리로 말하자면 남자로서 자신의 처자를 보호할 능력이 있어야 하고, 그것이 또 장부된 자의 책임이다. 그러나 황제인 부친을 상대로 수왕은 자신의 무능력함을 어찌할 수 없었다. 당 왕조의 황자라는 것이 겉으로는 더 할 수 없이 화려하고 영광스러워 보이나 실제로 왕자의 언행이 조금이라도 온당하지 못하면 그 신변은 상놈들보다도 더 불안전했다. 대당의 개국 이래에 직계 황자로서 피살되거나 유배에 처해진 것은 허다했으니, 태종은 형과 동생을 죽였고 이후 태자 승건承乾을 유배 보내 죽도록 하였으며, 다시 제齊왕 우佑와 한漢왕 원창元昌 등 두 아들을 죽이고, 위魏왕 태泰 또한 유배 보내 죽였다. 고종 또한 제위를 이어받은 후 태종의 아들 오吳왕 각恪과 고조高祖의 아들 형荊왕 원경元景을 죽였으며, 여황제 무측천은 제위에 오르기 전에 태자 홍弘, 태자 현賢, 태자 단旦 등 세 명의 아들을 더러는 폐위시키고, 더러는 죽였다.

양옥환이 출가한 도관道觀은 황궁 안 남궁南宮에 있었는데, 이것은 양옥환이 두 태후를 받들기 위하여 출가하였기 때문에 현종이 태후의 명복을 발원한다는 명분으로 도관을 황궁 안에 설치하도록 명령하여 남궁에 두게 하였으며, 명칭도 태진궁太眞宮으로 개명하였기 때문이다.

이렇게 하여 양옥환은 명분도 당당하게 황궁에 들어갔다.

천보天寶 4년 당 현종은 양옥환을 귀비에 봉하였으니, 이 해에 현종은 56세이고, 양옥환은 24세였다.

이렇게 해서 양옥환은 일개 지방의 평범한 관리의 딸에서 일약 황제가 가장 총애하는 비로 변신했다.

삼천총애를 한 몸에 받다 : 三千寵愛集于一身

현종은 양옥환을 얻은 후 조정에도 좀처럼 나가지 않고, 날마다 양귀비와 연회를 벌리고 놀았다. 이때의 현종이 양귀비에게 대하는 정은 "후궁에 미인이 삼천 명이 있으되 삼천 총애가 한 몸에만 있다後宮佳麗三千人, 三千寵愛在一身."는 그것이었다. 양귀비가 음률에 밝고, 가무에 능하니 이때부터 황궁에는 가무가 성행했다.

현종은 어릴 때부터 음악을 좋아하여, 악기를 연주하고 작곡할 줄 알았으니, 유명한 〈예상우의곡霓裳羽衣曲〉*이 바로 현종의 작품이다.

〈예상우의곡〉은 그 진용이 방대하고, 악사가 많았으니, 곡을 노래

부르는 궁녀만 동시에 10명이 요구되었고, 총 18장이 3부로 구성되며, 각 부는 여섯 곡으로 되어 있었다. 〈예상우의곡〉은 악기의 종류가 많을 뿐 아니라, 박자도 처음에는 산만하다가, 후에 느려지다가 다시 빨라지는 등 무희들에 대한 요구 수준도 매우 높았다. 그러나 양옥환은 단 한번 곡을 듣더니, 바로 음악에 따라 우아하고 아름다운 춤의 자태를 연출해내니, 폴폴 나는 모습이 천녀가 꽃을 뿌리는 것 같고, 있는 듯 없는 듯 신기한 경지에 다다랐다. 그녀의 악곡에 대한 깨달음이 심오하고, 표현력이 좋아 현종은 한편으로 놀라고, 한편으로 매우 좋아하여 친히 그녀를 위해서 반주를 했다. 양옥환은 한족의 춤을 좋아했을 뿐 아니라, 소수민족의 춤에도 조예가 깊었다. 당나라 사회는 풍습과 기풍이 매우 개방적이어서, 각 민족의 융합이 크게 이루어졌는바, 한족 여자들도 소수민족의 춤을 접할 수 있었다. 양옥환은 어릴 때부터 숙부 집의 시녀로부터 서역의 호선무胡旋舞를 배웠는데, 호선무는 양옥환에 의해 출신입화出神入化의 경지로까지 연역演繹되었다.

현종과 양귀비는 늘 화청궁華淸宮 이원梨園에서 음률을 탐구하면서 난새와 봉황처럼 즐거이 어울려서鸞鳳和鳴**, 이원의 제자들로 하여금 자신들이 작곡한 곡을 연주하게 하고, 각종 춤을 추게 하여 감상하였다.

귀비는 늘 이원에 있으면서 공주와 자매들에게 비파를 가르쳤다. 당시 안록산도 춤을 좀 출 수 있었는데, 현종과 양귀비가 즐겁게 놀

---

* 예상(霓裳)은 무지개치마, 우의(羽衣)는 새의 날개로 된 옷을 말한다.
** 난봉화명(鸞鳳和鳴) : 난새와 봉황이 뒤섞여 운다는 뜻인데 난새는 전설상의 영조로 봉황과 비슷하다.

때를 틈타서 이원으로 찾아가 자신의 장기인 호선무를 춰서 현종과 양귀비의 칭찬과 총애를 받았다. 안록산은 이 기회를 놓치지 않고 아예 귀비의 수양아들이 되었다.

양옥환이 궁으로 들어오기 전에 당 현종에게는 또 한명의 총애하는 비가 있었으니 매비梅妃였다. 매비는 본명이 강채평江采萍으로 남방에서 태어나 궁에 들어온 후에 궁중 생활을 힘들어하다가 매화를 보고 비로소 매우 좋아하여 늘 매화를 주제로 시를 읊고, 그림을 그렸기에 현종이 그녀를 매비라 칭했다. 매비는 재색을 겸비한 여자로 시를 잘 짓고, 경홍무驚鴻舞*에 능하여 앉은 자리의 모든 사람들이 그 요염함에 놀라며 만좌에 광채가 돌게 하였다艶驚四座, 滿堂生輝. 매비는 10년을 현종의 사랑을 독차지하였으며, 이 기간 동안 매비는 자신의 어질고 덕스러운 품성으로 현종에게 많은 영향을 주어, 그로 하여금 덕으로 나라를 다스리게 하여 온 나라가 개원성세開元盛世의 최성기를 유지하게 하였다.

매비가 청아하고 고결한 한 송이 매화를 닮았다면, 양옥환은 풍만하고 요염함이 사람을 압도하여 교태로움이 넘치는 한 송이 목단과 같았으니, 두 사람 중 하나는 날씬하고 하나는 풍만하며, 하나는 우아하고 하나는 매혹적이어서 선명하게 대비되었다. 이때 이미 환갑을 넘은 현종으로서는 스스로 고결하다고 자처하며 우아하고 정숙한 매비를 십수 년을 대하다 보니 조금은 피로감이 드는 것을 어쩔 수 없었다.

---

* 鴻을 놀라게 하는 춤이라는 뜻인데 鴻은 큰 기러기를 뜻한다.

양옥환의 춤추는 자태나 천부적인 춤 솜씨는 매비에 비해 절대 우위에 있었고, 현종이 자부심을 갖는 〈예상우의곡〉에 대해서도 양옥환은 한 번 듣고 곡 중의 의미와 경지를 깨닫고, 흥이 일어 이 웅장하며, 방대한 곡에 맞춰 완벽하게 춤을 추니, 현종은 취한 듯 바보가 된 듯如醉如痴 친히 그녀를 위해 반주하며 그녀를 인생 제1의 지기知己로 여기게 되었다.

양옥환은 재주 또한 대단한 여자여서 일찍이 자신의 궁녀 운용雲容을 위해 〈장운용에게 주는 춤贈張雲容舞〉이라는 시를 한수 지어 주었으니 다음과 같다.

羅袖動香香不已, 비단 소매는 끝없이 향기를 뿜어내고,
紅蕖裊裊秋煙里. 붉은 연꽃은 가을 안개 속에 하늘거리네.
輕雲嶺山乍搖風, 가벼운 구름 산맥 위로 홀연히 바람이 이니,
嫩柳池邊初拂水. 연못가 흐드러진 버들이 물방울을 털어 내네.

시를 다 지은 후 그녀는 다시 이에 맞춰 작곡을 하고 손수 운용을 위해 노래까지 불러주었다.

가무 외에도 양옥환은 음률에도 정통했다. 전해지는 말로는 그녀는 비파를 잘 탔고, 경쇠磬*도 칠 줄 알았으니, 가히 음악의 천재라 할 만했다.

그럼에도 불구하고, 현종의 마음을 가장 동하게 하는 것은 그 누구와도 견줄 수 없는 그녀의 미모였다. 고대 궁정에서 제왕들이 비빈을

---

* 옛날 타악기의 일종. 오늘날은 부처 앞에서 절할 때 흔드는 바리때 모양의 종을 가리킨다.

선발할 때 표면상으로는 문벌과 재능을 중시했으나, 실제로 제일 중시한 것은 그래도 비빈들의 미모였으니, 이는 모든 남자들의 본성이다.

　양옥환이 궁으로 돌아온 후 현종은 다른 비빈들은 거들떠보지도 않았다. 백관을 거느리고 연회를 할 때나, 조정에서 큰 행사를 할 때도 귀비를 언제나 옆에 데리고 다녔다. 현종은 또 여산驪山의 화청궁에 단정루端正樓를 지었으니 이는 귀비가 몸을 씻고 머리를 빗는 곳이었다. 다시 연화탕蓮花湯을 지어 오로지 귀비의 목욕실로만 사용하게 하였으며, 궁 안에 오로지 귀비를 위해 수를 놓고 옷을 만드는 공인만도 700여 명을 두었다.

　한번은 양옥환이 황제와 어릴 적에 즐거웠던 일을 이야기하다가 저도 모르게 신선한 여지荔枝를 먹지 못하는 아쉬움을 말했다. 말하는 사람은 별 뜻이 없어도 듣는 사람은 유심히 들었으니, 양옥환의 환심을 사려고 온갖 궁리를 다하던 이융기는 좋은 기회가 왔다고 보고 국가대사를 처리하는 것처럼 역참에 명하여 특급 공문을 송달하는 방식으로 상등품 여지를 대량 생산하는 복건지방 청전靑田*에서 여지를 장안으로 운송하여 귀비가 즐겨 먹도록 했다. 대시인 두목杜牧은 이를 두고 아래와 같이 한수 시를 지은 바 있다.

　　長安回望繡成堆,　　장안에서 돌아보니 자수품(刺繡)이 더미로 쌓여 있네**

---

* 오늘날 청전현은 절강성에 있다. 따라서 여기의 청전이 푸른 들판을 가리키는지, 아니면 당시에 청전현이 복건성 소속이었는지는 불명이다.

** 장안 성에서 바라 본 산야에 한길로 구비치며 뻗어진 길을 말하는 듯 하다.

山頂千門次第開.	산꼭대기 천개 문이 차례로 열리고
一騎紅塵妃子笑,	일지 인마가 붉은 먼지를 일으키니 양귀비가 웃는다
無人知是荔枝來.	여지가 오는 것인 줄은 아무도 몰랐으리.

현종이 양옥환을 총애하고 말을 들어주는 것이 더 할 수 없는 지경에 이르렀다. 양귀비가 모란을 좋아한다 하자 현종은 바로 내무성을 시켜서 낙양에서부터 네 가지의 가장 유명하고 귀한 모란을 골라 와서 친히 이를 홍경지興慶池 동쪽의 침향정沉香亭 앞에 심었다. 이해 봄, 모란이 만발했을 때 현종은 고력사로 하여금 이원의 제자 중 가장 우수한 몇 사람을 뽑고, 16명의 아리따운 악기樂妓*를 불러서 '모란의 밤牡丹之夜'이라는 한 바탕 가무회를 준비하게 했다. 궁정 음악가 이구년李龜年은 박자판壇板**을 손에 들고, 궁정의 정악正樂도 데리고 와서 일찍이 준비해 둔 〈모란의 노래牡丹之歌〉를 연주했다.

이때 현종은 이 〈모란의 노래〉를 수년간 계속 들어왔음을 상기하고, 금년에 또 이걸 들으니 조금은 너무 진부하고 낡은 듯하여 이구년으로 하여금 사람을 찾아 새로운 가사를 만들어 보라고 했다.

옆에 있던 고력사가 시선詩仙 이백李白을 생각해냈다. 당시 이백은 현종의 눈에 들어서 한림원翰林院에서 일하며 오로지 황제를 위한 칙서를 기초하고 있었다. 고력사는 이백으로 하여금 가사를 짓게 하자고 건의하였고, 황제는 매우 즐거워하며 어서 불러오라 하였다.

---

* 음악을 하는 기녀를 말한다.
** 민간 타악기의 일종으로 견고한 박달나무판 세 쪽을 묶어 박자를 친다.

양귀비(楊貴妃) 83

이백은 술을 좋아하여 술을 먹으면 명정대취酩酊大醉한 상태가 되기 전에는 끝나지 않아서 한림원에 들어온 후에도 이 습벽은 고치지 아니하였다. 이날도 이백은 하지장賀知章 등 사람들과 장안 거리의 술집으로 술을 마시러 갔었다. 어명을 받은 환관이 이백을 찾았을 때 이백은 이미 술 냄새가 천지를 진동하도록 취한지라 가마에 그를 태워 궁으로 들어올 수밖에 없었다. 궁에 들어오자, 환관들이 부지런히 그의 앞 탁자에 붓이며, 연적이랑 명주를 놓았다. 이백은 자신을 불러온 뜻을 알고 자리에 앉았는데 갑자기 아직도 신발을 신고 있다는 것을 깨닫고는 심히 불편하게 느꼈다. 그가 한눈에 옆에 나이 든 환관이 있는 것을 보고는 바로 다리를 뻗고 그 환관을 바라보고 말했다.

"내 신발을 좀 벗겨 주게!"

이 늙은 환관은 바로 고력사였다. 고력사는 그래도 현종이 가장 총애하는 태감太監으로 궁 안에서 지위는 만인지상*인데, 지금 일개 하찮은 한림관이 놀랍게도 그에게 신발을 벗기라고 명령하니, 실로 기가 막혀 기절할 일이었다. 그러나 현종이 옆에서 이백이 가사를 쓰기를 기다리고 있는지라 만약 이백에게 잘못했다가 현종의 흥이 깨어지기라도 한다면 그로서도 감당할 수 없는 일이었다.

그는 화를 참아 넘기고 전혀 개의치 않는 양 히히 웃으며 말했다. "아, 정말 심하게 취하셨소. 하는 수 없지." 말하고는 바로 꿇어앉아 이백의 신발을 벗겼다.

신당서新唐書의 기록에 의하면 고력사는 신장이 6척 5촌으로 오늘

---

* 일인지하 만인지상(一人之下 萬人之上), 즉 임금 아래 제일 높다는 뜻이다.

날의 1m 95cm에 상당하며 이렇게 큰 키에 우감문위장군右監門衛將軍에 지내시성사知內侍省事, 삼품장군三品將軍 등 직을 함께 제수하여 왕공들까지 그를 '아옹阿翁*'이라 부르며 부마駙馬들도 그를 야爺**라고 부르는 사람인바, 황제를 제외하고 그 누구에게 그가 허리를 굽힌 적이 있었던가. 권력 있고 존귀한 고력사로서 어디 이런 모욕을 견딜 수 있단 말인가?

고력사는 마음속 분노를 억누르고, 억지로 웃는 얼굴로 이백에게 말했다. "이한림, 이제 가사를 쓸 수 있겠소?"

이백은 흐릿하게 취한 눈을 뜨고 붓을 잡더니 한숨에 써 내려갔다.

雲想衣裳花想容, 옷은 꽃구름 같고, 얼굴은 꽃을 생각케 하네.
春風拂檻露華濃. 봄바람이 스치니 난간의 이슬이 더욱 영롱해진다.
若非群玉山頭見, 군옥산***을 처음 보는 것이 아니라면
會向瑤台月下逢. 달밤에 요대****를 마주하고 만나게 되리.

一枝紅艶露凝香, 한 가지 이슬 먹은 붉은 모란이 향기로 응결되니
雲雨巫山枉斷腸. 운남의 무산신녀를 보지 못해 간장이 끊어진다.*****
借問漢宮誰得以. 묻노니 한나라 궁******에 그 누가 비슷하기라도 할쏘냐?

....
* 영감님이라는 뜻이다.
** 아버님이라는 뜻이다.
*** 전설에서 서왕모(西王母)가 거주한다는 산 이름으로 옥이 무리로 있는 산이란 뜻이다.
**** 요대(瑤臺)도 서왕모가 살았다는 군옥산 안의 궁전으로 아름다운 구슬로 만든 궁전이란 뜻이다.
***** 초나라 왕이 무산의 신녀를 보고자 해도 보지 못해 간장이 끊어지는 슬픔을 겪었음을 말한다.
****** 여기의 한나라는 중국 역대 왕조를 다 가리킨다고 보인다. 한나라 궁은 궁전에서 총애를 받은 비빈을 가리킨다.

可憐飛燕倚新妝.	가련한 비연*도 다시 화장해야 하리.
名花傾國兩相歡,	명화와 경국의 미인**이 함께하니 더욱 아름다워
長得君王帶笑看.	오래도록 군왕이 웃으며 보네.
解釋春風無限恨,	끝없는 한을 봄바람이 해소하리***
沉香亭北倚欄干.	침향정 북쪽 난간에 (황제와 귀비가) 기대어 있네.

이 세 수의 〈청평조사淸平調詞〉****의 묵이 마르기도 전에 황제는 바로 이원의 제자들에게 명하여 사죽絲竹*****의 장단을 고르게 하고, 이구년을 재촉하여 빨리 연주를 시작하도록 하였다. 양귀비는 손에 들고 있던 칠보 유리잔의 서량西涼주에서 진상한 포도주를 다 마시고 바로 음악에 맞춰 춤을 추기 시작했으며, 황제도 일어나 옥피리를 불어 연주하며 줄곧 태진낭자太眞娘의 신변을 따라다녔다.

고력사 한 사람만은 옆에서 울적하게 있었으니, 그로서는 한 번도 이런 모욕을 당해 본 일이 없었던 것이다. 그는 이윽고 크게 분노하여 기회를 봐서 이백에게 보복하리라 결심했다.

양귀비는 이백의 이 세 수 〈청평조사〉를 애송하였는데, 고력사는 바로 "묻노니 한나라 궁에서 누가 있어 비슷하기라도 할쏘냐? 가련한 비연도 다시 화장해야 하리."란 두 시구를 트집 잡아 말했다.

---

* 조비연(趙飛燕)은 한나라 성제(成帝)의 애비로 황후가 되었는데, 미모와 춤으로 유명하다. 여기의 가련(可憐)은 동시에 아름답다는 뜻도 내포하고 있다.
** 명화는 모란이며, 경국은 경국지색(傾國之色)으로 양귀비를 뜻한다.
*** 사람을 황홀하게 하는 자색은 봄바람처럼 무한히 맺힌 한도 해소한다는 뜻이다.
**** 청평조(淸平調)는 곡조의 일종으로 청평조사는 청평조로 한 노래란 뜻이 된다.
***** 관현악기 일반을 뜻한다.

"한나라 궁정에서 조비연은 출신이 노래하는 여자歌女로 후에 황후에 책봉되었으나 품행이 바르지 않아 마지막에는 폐서인되었는데, 이백이란 자가 조비연을 귀비와 비교한다는 것은 마마를 너무 천하게 보는 것이 아닌지요?"

양귀비도 고력사의 말을 듣고는 화가 났다. 이후 현종이 몇 번 이백에게 관직을 주려 했으나 그때마다 양귀비가 못하게 했는데, 이는 물론 후일의 이야기이다.

사람이 득도하면 그가 기르던 개와 닭도 하늘에 오른다一人得道, 鷄犬昇天*고 했다. 양귀비가 궁에서 현종의 총애를 받게 되자, 그녀의 집안사람들도 이로 인해 벼락출세飛黃騰達를 했다.

양귀비의 선친은 태위 제국공太衛齊國公에 추서되고, 모친은 양국부인凉國夫人이 되었으며, 숙부는 광록경光祿卿이 되었다. 또 세 명의 친자매는 각자 한국대부인韓國大夫人, 괵국부인虢國夫人, 태국부인泰國夫人이 되고, 형제로 양섬楊銛은 홍려경鴻臚敬에 봉해지고, 양기楊錡는 시어사侍御司에, 양소楊釗는 사공司空에 봉해졌다.

현종은 양귀비의 세 자매를 처제라 부르며 매년 각자에게 일천 관의 돈을 내려 화장비로 쓰게 하였다. 나아가 양씨 집안 남자들은 두 사람의 공주를 처로 맞이하였고, 현종은 사람을 시켜 양씨 집안의 족보를 편찬하게 하고, 비석을 세우게 했다.

양귀비의 형제자매는 모두 황궁을 방불케 하는 규모의 대저택을

---

* 신선전(神仙傳)에 나오는 이야기로 회남왕 유안이 도를 좋아하여 수련하여 신선이 되었는데 떠날 때 먹다 남은 단약을 정원에 뿌려 두고 갔더니, 닭과 개가 먹고 함께 선계(仙界)에 들어갔다는 것이다.

짓고, 차마와 부종車馬奴仆 부리기를 경성에서 가장 화려하게 했다. 그들은 서로 경쟁적으로 호기를 부리며 호화로움과 부귀함을 다투어 집 한 칸을 지을 때면 걸핏하면 천만 전을 썼다. 현종이 화청지에 가서 놀 때면 늘 그들을 배석하게 했는데 집안마다 한 부대를 끌고 와 같은 옷을 입고 함께 걸으니, 오색찬란했다.

연도에 떨어지는 장신구가 길에 가득했으며, 번쩍번쩍 빛을 내는 모습이 사치의 극을 다했다. 당시 장안 저자에 유행하던 노래가 정히 이를 풍자한 바 — "딸을 낳았다고 슬퍼하지 말고, 아들을 낳았다고 즐거워하지 마라. 아들은 제후에 봉해질 수 없어도 딸은 비가 될 수 있으니, 딸이야말로 집안의 보배다." — 와 같았다.

양귀비의 둘째 언니 괵국부인은 더욱 교만방자하였으니, 그녀가 궁중에 출입할 때면 후궁의 비빈들조차 옆에 비켜서며 감히 가까이 앉지 못했고, 그녀의 부중府中에는 늘 각지 지방 관리들이 진상하는 진귀한 보석들이 있었으며 많은 관리들이 그녀를 찾아서 일을 해결했으니 집안에는 재화와 보물이 산처럼 쌓였다.

한번은 괵국부인이 궁에서부터 자신의 부府로 돌아가던 중, 공주와 부마의 가마를 마주쳤는데 쌍방이 길을 비키려 하지 않아 크게 싸웠다. 현종이 교시를 내렸는데, 뜻밖에도 공주와 부마에게 죄를 물어 공주에게 내린 토지와 상을 빼앗고 부마 독고명獨孤明의 관직까지 삭탈해 버렸다.

당시 두보도 이를 보고 시 한 수를 지어 〈괵국부인〉이라 시명을 붙였다.

虢國夫人承主恩,　　괵국부인이 황은을 입어
平明騎馬入宮門;　　새벽에 말을 타고 궁문을 들어가네.
却嫌脂粉汚顔色,　　지분이 도리어 얼굴을 더럽힌다고 싫어하여
淡掃蛾眉朝至尊.　　말갛게 닦은 누에 눈썹*으로 지존을 바라보네.

당시 양귀비에게 멀리 사는 사촌 오빠가 있어 양국충楊國忠이라 하였는데 본명은 양소楊釗로 이 역시 양귀비가 총애를 받는 바람에 출세를 했다. 양소는 어릴 때부터 방탕불기放蕩不羈하며, 술과 도박을 좋아하여 궁색하기 짝이 없었으며 늘 다른 사람에게 돈을 빌리려 하여 사람들이 모두 그를 업신여겼다. 30세가 되어 그는 사천四川에서 종군하면서 발분노력하여 우수한 성적을 거두고 신도위新都尉에 임명되었으며, 임기를 마치고 나서 장구겸章仇兼의 후광과 경제적 도움을 받아 양옥환과 그 자매들에게까지 연결되었다. 그리하여 양씨 자매는 늘 현종 앞에서 양소와 장구겸을 위해 좋은 말을 하고, 양소가 현종을 알현하도록 주선했으며, 현종은 그를 금오병조참군金吾兵曹參軍으로 임명했다. 이때부터 그는 주는 대로 관직을 받고, 마음대로 궁중에 출입했다.

　양소는 장안에 자리 잡은 다음, 귀비와 양씨 자매들이 총애를 받고 있는 조건을 이용하여 조정의 중심으로 교묘히 파고들었다.

　그는 늘 귀비에게 접근하고 조심스럽게 현종을 시봉하여 비위를 맞추면서 조정에서는 온갖 수단으로 권신權臣들과 끈을 만들었다. 1

---

* 누에 나방의 눈썹처럼 아름다운 눈썹을 말한다.

년도 안 되는 사이에 그는 15개 관직을 겸하게 되어 조정의 중신이 되었다.

귀비가 취하다 - 첩 양옥환
貴妃醉酒 一小女人楊玉·环

양귀비와 현종이 조석으로 만나니 다툼이 없을 수는 없는 일인데다가, 현종의 바람기로 인해 늘 다른 여인들의 살뜰한 마음을 얻게 되니 양귀비가 매우 기분 나빠하였다. 그리하여 한번은 양귀비가 현종과 크게 다투고 난리를 치자 현종도 화가 머리끝까지 나서 분을 삼키지 못하고 바로 양귀비를 자기 집으로 돌려보내 버렸다.

처음 시작된 이 풍파는 현종의 또 하나의 총비 매비로부터 비롯된 것이었다.

양옥환은 궁에 들어온 첫날부터 매비와 물과 불처럼 서로 맞지 않아 두 사람은 서로를 비방하여 현종을 매우 난처하게 하였다. 양옥환은 매비를 "매정梅精"이라고 하여 그녀가 여윈 것을 비꼬았으며 매비는 양옥환을 "비비肥妃"라고 불러서 그녀가 살찐 것을 조롱했다. 이융기는 부득이 그중 하나를 버릴 수밖에 없어 새로 총애하게 된 양귀비를 선택하고 매비를 냉궁*인 상양의 동궁相陽 東宮에 들여보냈다.

---

* 冷宮 : 총애를 잃은 비빈들을 거처하게 한 궁을 말한다.

그러나 현종은 다정한 사람이라 양귀비가 늘 그의 곁에 있어도 매비에 대한 그의 그리움을 완전히 잊게 할 수는 없었다.

거기다 한 여인과 같이 하는 시간이 너무 오래 되면 저도 모르게 권태감이 들게 마련이다. 현종은 오랜 시간 매비를 보지 못하였던지라 혼자 조용히 있게 될 때마다, 저도 모르게 그녀의 옅게 화장한 아름다운 모습과 조용하고 신비스러운 자태를 떠올리게 되었다. 그리하여 그는 늘 구실을 찾아 동궁으로 매비를 만나러 갔다.

한번은 현종과 양귀비가 백화정百花亭에서 꽃을 감상하면서 식사하기로 약속했는데 양귀비가 오래 기다렸지만 현종은 오지 않았다. 잠시 후 태감이 소식을 전해 왔는데 현종은 이미 매비가 있는 동궁으로 갔으니 귀비도 일찍 돌아가라는 것이었다. 양귀비는 화도 나고, 고민도 되었지만 어디에도 쏟아낼 데가 없어 태감에게 술을 따르게 하여 명정대취酩酊大醉하여 실망하고 원망하는 모습으로 돌아갔다. 그때 이후 양귀비는 기회를 봐서 황제와 매비에게 본때를 보여 주리라고 벼르고 있었다.

겨울이 와서 매화가 피었다. 어느 날 현종은 매원梅園을 천천히 거닐다가 매비가 생각나서 저녁이 되자 몸이 좋지 않다는 이유로 양귀비에게로 가지 않고 자신의 침소로 돌아갔다. 밤이 깊어 인적이 끊길 무렵 매비의 담백하고 우아한 모습이 한줄기 맑은 바람처럼 현종의 마음에 스며들었다. 그리하여 현종은 비밀리에 측근의 젊은 태감을 상양 동궁으로 보내서 매비를 모셔 오게 했다.

매비는 씻고, 머리 빗고, 화장한 다음 말을 타고 현종에게로 왔다.

두 사람은 서로 만나자 마자 마치 한 세기를 헤어져 있었던 양 느꼈으니, 매비는 더욱 수척해진 한편 한층 청순하고 우아해진 듯 하였고 현종 또한 이전에 비해 상당히 나이가 들어 보였다. 매비가 현종을 보더니 저도 모르게 눈물을 흘렸고 현종은 현종대로 한 가닥 마음의 아픔을 느껴서 매비를 품에 안았다. 두 사람은 마치 다하지 못한 애틋한 정과 둘만의 이야기가 산처럼 쌓인 듯이 풀어놓으며 날이 밝을 때까지 이야기에 몰두했다.

이른 아침, 현종과 매비가 아직 침상에서 일어나기도 전에 갑자기 밖에서 또각거리는 발소리와 한바탕 소란을 피우는 소리가 들렸다. 젊은 태감이 휘장 너머에서 황황히 말했다. "폐하 귀비 마마가 이미 문 앞에 당도하셨는데 어찌하면 좋을까요?"

현종이 듣고는 한순간 놀라고 당황해서 후다닥 옷을 입고, 매비를 안아서 실내의 벽장 안에 숨겼다. 양귀비는 현종이 회견을 허락하기도 전에 문을 밀고 들어와서 대놓고 물었다. "매정은 어디 있어요?"

현종은 그런 일이 없는 듯 대답했다. "그 사람이야 상양 동궁에 있지 않은가. 네 여기 와서 무얼 찾는 것이냐."

양귀비가 듣더니 교활하게 말했다. "사실이 그렇다면 그녀를 불러서 우리 같이 여산驪山 온천에 가서 놀지요!" 현종이 우물쭈물 말을 못하자 양귀비는 체면 볼 것 없이 마구 다그쳤고 현종은 아예 귀머거리인 양, 벙어리인 양 했다.

양옥환은 방안을 한 바퀴 돌더니 빠른 걸음으로 현종과 매비가 어젯밤 먹다 남긴 요리 쪽으로 가서 두 벌의 주발과 젓가락을 가리키며

분을 삼키지 못하고 말했다. "이 탁자에 아직도 두 벌의 그릇과 젓가락이 있고, 황제의 침대에는 아직도 금비녀가 한 개 있으며, 방안에는 여전히 향내가 남아 있구나. 어젯밤 어떤 불여우가 와서 폐하를 시침하였기에 폐하가 함께 즐기다가 아직까지 조정에도 나가지 않으셨을까? 폐하는 지금 조정에 나가세요. 저는 여기서 이놈의 불여우를 혼내 줄 테니까!"

현종도 양귀비가 이렇게까지 함부로 하는 것을 보고는 부끄러운 끝에 결국은 화가 나서 일부러 침대에 드러누우면서 숨이 가쁜 듯 말했다. "짐은 오늘 몸이 불편해서 조정에 나갈 수 없노라."

양귀비는 눈앞의 사정이 해결될 기미가 없어 보이자, 비장의 수법을 들고 나왔으니, 교태로움을 한껏 보이며 한바탕 울어 난리를 쳤다. 이는 현종의 마음을 더욱 불쾌하게 하였는바, 그는 생각했다. "내 대당의 당당한 천자로서 다른 비를 보고자 함도 극히 당연한 일이거늘 엉뚱하게도 일개 첩년이 이러쿵저러쿵 쏘아대며 내 앞에서 발악을 하다니!" 그래서 그녀에게 대성일갈하여 한마디 하였다. "네 다시 여기서 이러려면 네 집으로 돌아가라!"

양귀비가 총애를 잃는다고 어디 고개를 숙일 사람인가. 오히려 울어 난리치기를 더 했다. 현종은 대노하여 바로 사람을 시켜서 그녀를 자기 집으로 돌려보내 버렸다.

양귀비가 떠난 후 현종과 매비는 둘 다 기분이 시들해져서 현종은 돌아누워 자 버렸고, 매비는 젊은 태감의 호송을 받으며 찬 기운이 도는 적막한 상양 동궁으로 총총히 돌아갔다.

양귀비(楊貴妃)

양귀비가 떠나고 얼마 되지 않아 현종은 화도 풀리어 슬슬 다시 그녀가 그리워지기 시작했다. 점심 때가 되자 현종은 밥도 먹지 않고 화를 내며 사람을 때렸다. 고력사는 황제의 심사를 알고 그에게 양옥환에게 뭘 좀 보내면 어떨지 넌지시 물었는데, 현종은 급해 죽겠는지 자신의 밥까지 그대로 보냈다. 그날 밤 현종은 도저히 참지 못하고 사람을 보내서 그녀를 모셔 오도록 했고, 옥환은 현종을 보자 자연스럽게 다시 울어 젖혔으니 현종은 반나절을 달랬다. 다음날 양옥환의 친정 사람이 오니 현종은 그들에게 많은 선물을 주었다.

그 후 현종은 다시는 매비를 찾을 생각을 하지 못했고 매비는 상양동궁에서 외롭고 적막하게 수십 년을 지내다가 안사의 난 중에 죽었다.

양귀비는 정치에 대해 묻기를 좋아하지 않는 사람으로 이런 여인은 애정을 자신의 생명처럼 아는 것이 오늘날로 말하자면 첩과 어느 정도 유사하다. 이들의 생명(애정)에 끼어든 제3자는 당연히 자신의 최대의 적인데, 공교롭게도 그녀가 만난 현종은 다정다감한 류의 남자로, 당 현종은 풍류로 반평생을 살아온 사람이라 바람피우는 버릇은 이미 몸에 배어 자연스런 현상이 되었으니 어떻게 고쳐도 한계가 있어 양옥환의 질투 또한 재탕, 삼탕 상연되는 것을 피할 수 없었다.

양옥환에게는 3명의 언니가 있었는데, 그중 둘째 언니 곽국부인이 미모로서는 제일이었다. 곽국부인은 타고난 미인으로 스스로도 이에 대해 자부심을 갖고, 늘 황제에게 추파를 던지고 양국충과도 사통해 왔다. 현종 또한 이 국색천향의 처형에 대해 마음이 있어서 천보天寶 5년(기원 746년) 여름날 어스름 무렵 곽국부인을 자신의 침궁으로 초청했다. 이 소식은 금세 양옥환에게 알려졌으며 질투에 불타는 양옥환은 이로 인해 현종과 다투어 팽팽히 맞섰다. 한편으로는 수치스럽고, 한편으로는 머리끝까지 화가 난 현종은 '질투함이 심하고, 황명을 거역한다妬悍忤旨'는 명목으로 즉시 고력사에게 명하여 양옥환을 그의 사촌 오빠 양섬의 부중으로 보내 버렸다.

양옥환이 돌아간 후 양씨 일문은 모두 하나가 되어 한편으로는 괵국부인이 부녀자의 도리를 지키지 않은 것을 나무라고, 한편으로는 이번에 황제가 양옥환을 돌려보내 온 것은 다시는 데려가지 않을 심산이 분명하다고 여기면서 온 집안 노소가 황제로부터 벌이 떨어지길 기다리고 있었다.

양 씨 집안사람들이 통곡하며 눈물을 닦을 때, 황제도 황궁에서 좌불안석 마음이 편하지 않았다坐立不安. 황제는 그녀를 보지 못하자 뜻밖에도 밥도 삼키지 못하고 걸핏하면 화를 내는 것이었다. 옆에서 모시는 궁녀와 태감들은 평소 아무 일도 아니던 작은 실수에도 용서 받지 못하고 하나같이 곤장을 맞았으며, 심지어는 그대로 놀라 죽기까지 했다. 고력사는 황제가 평소와 달라진 원인을 알고 조심스럽게 현종에게 양귀비를 모셔 오자고 주청하는 한편, 귀비궁의 시녀며 생활용품이며 궁 안의 요리 등 먹을 것을 수백 수레에 채워서 양옥환의 집으로 보냈다.

양국충도 나서서 양귀비를 위해 말을 했는데, 이때 그는 이미 조정에서 매우 중요한 지위에 있었다. 그러나 양국충은 감히 스스로 현종에게 권하지는 못하고 대신 길온채吉溫替로 하여금 귀비를 위해 말해 달라고 요청하여 길온채가 현종에게 "폐하께서는 귀비를 좋아하시면서 어찌 그녀를 다시 데려오지 않으십니까?"라고 말했다. 옛날에는 여자가 출가 후 남편에 의해 친정으로 되돌려보내지는 것은 참으로 창피한 일이었는지라, 이 한마디 말에 현종도 마음이 울컥하여 바로 장도광張韜光을 양씨 부중으로 보내 양옥환을 데려왔다.

양귀비가 이번에 보인 태도는 지난번과 매우 달랐다. 그녀는 울면서 장도광에게 말했다. "나는 황제의 심사를 어지럽혔으니 그 죄 마땅히 만 번 죽어야 할 것이나, 내 두발과 신체만이 나의 것일 뿐 나머지는 모두가 황제가 주신 것이라오." 말을 마친 후 한 다발 머리칼을 자르더니 장도광으로 하여금 가지고 궁으로 돌아가라 하면서 자신은 환궁하기를 거절했다. 현종은 이 머리칼을 보자 순간적으로 대경실색하여 귀비가 죽음으로 사죄할 것을 겁내서 즉시 고력사를 보내고, 친히 나서서 그녀를 다시 궁중으로 데려왔다.

이렇게 해서 한바탕 난리를 치른 후 양귀비는 결국 다음날 날이 막 샐 무렵에 황궁으로 돌아왔다. 현종은 귀비를 보자 실로 살아 숨쉬는 보물活寶을 본 것처럼 하였으니, 그녀의 강짜샘을 나무라지 않을 뿐 아니라, 오히려 스스로 목소리를 낮추고 화를 삭이어 사죄하면서 오로지 귀비의 꽃 같은 마음이 즐겁지 못할 것만을 염려했다. 이후 현종은 다시는 함부로 남녀 간의 일로 사단을 일으키지 못했으며, 그 누구도 감히 새로운 여인을 궁에 들여오지 못했다.

이때부터 양귀비는 한 몸에 삼천 총애를 받았으니 황제는 비록 비빈이 수도 없이 많았으나, 온갖 정성을 오로지 양귀비 한 사람에게만

쏟고 만사를 모두 그녀의 의견에 따랐다. 비록 그녀를 황후에 책봉하지는 아니하였으나 이미 황후에 상당한 대우를 받았으니 귀비 이후로 그 누구도 비빈에 봉해지지 아니하였다. 이때부터 양옥환은 후궁에서 만인지상萬人之上의 자리에 놓여졌으며, 바로 이때 조정의 양국충과 안록산은 특별한 야망이 없는 이 여자를 알아보고 그녀에게 잘 보임으로써 황제에게 접근하여 벼락출세할 생각을 하게 되었다.

양귀비와 안록산 – 스캔들의 모자

楊玉環與安祿山 – 緋聞母子

양옥환이 궁에 들어올 때는 대당왕조가 개원성세에 있을 때였다. 현종은 양옥환을 얻은 후 바로 여색에 빠진 데다가 나이 또한 많아서 조정 정사에 대한 관심도 사라져 갔다. 양옥환과 현종이 황궁에서 가무로 태평세월을 보내고 늘 다투어서 불편한 일을 일으킬 즈음, 조정 정국에도 변화가 일어났으나 주색잡기에 빠져 있던 현종은 이에 주의하지 않았다.

현종 재위 시 변경의 방어를 강화하기 위하여 변경에 10개의 군진軍鎭*을 설치하여 군진의 장관을 절도사節度使라 불렀다. 절도사는 권력이 매우 컸으니, 군권을 쥐고 있는 데다가 행정과 재정을 관장하여

---

* 번진(藩鎭)이라고도 한다.

그 지위가 매우 중요했다. 당시의 관례로는 절도사가 공을 세우면 바로 조정의 재상으로 등용될 수 있었다.

당시의 재상은 이림보李林甫로 역사상 유명한 간신이었다. 이 자의 학문은 보잘 것 없었으나, 아첨에는 일가견이 있어 '뱃속에 칼을 품고 입으로는 비단 같은 말을 하는 것口蜜腹劍'으로 유명하여 대신들이 모두 그를 두려워하였다. 특히 이림보는 변경의 절도사를 매우 시기하였다. 당시 절도사 중 왕충사王忠嗣라고 있었는데 매우 유능한 사람으로 숱한 전공을 세워서 4개 진의 절도사를 맡고 있었다. 이림보가 보기에 왕충사의 공로가 크고, 위망이 높으므로 그가 현종에 의해 재상으로 발탁될 것을 두려워하여 사람을 시켜서 현종에게 왕충사가 태자를 세워 모반하려고 한다고 무고하였다. 후일 왕충사는 비록 생명은 건졌지만 결국 이 원통함을 견디지 못하여 화병이 들어 죽고 말았다.

당시 변경의 장수 중 호족胡族* 사람들이 몇 명 있었다. 이림보가 보기에 이들은 문화 수준文化 水平**이 낮아 조정의 재상으로 발탁될 수 없을 것이므로 그는 현종에게 호족을 중용하자고 극력 주장하였다. 이유는 호족은 전투에 능하면서도 조정 관리들과 특별한 관계가 없어 믿을 수 있다는 것이었다. 현종도 원래 변경의 한족 장수들이 반란을 일으키는 것을 가장 두려워하였으므로 이림보의 말을 듣고 일군의 호족을 절도사로 발탁했다.

이런 호족 절도사 중 특히 당 현종과 이림보의 눈에 든 사람이 평

---

* 오랑캐를 말한다.
** 일반적으로 학력, 학벌을 뜻한다.

로平盧* 절도사 안록산安祿山이었다.

안록산은 영주榮州 사람으로 그의 부친은 호족이며 모친은 돌궐突厥의 무당이었다. 부친이 일찍 돌아가셔서 그는 모친을 따라서 돌궐의 부락에서 생활했는데 후에 그의 모친은 돌궐의 장군에게 시집갔다. 개원 초기 안록산이 있던 부락이 파괴되고 흩어져 버리자 그는 한족의 장군 안도매安道買에게 몸을 의탁하여 지냈는데, 그의 두 아들과의 관계가 매우 좋았으며 후에는 아예 그들과 형제를 맺고 자신도 성을 안으로 고치고, 록산이라 개명하였다.

안록산은 어릴 때부터 빈둥거리며 놀기를 좋아하여 돈이 떨어지면 다른 사람의 물건을 훔치곤 했다. 한번은 그가 크게 살찐 양 몇 마리를 훔쳐서 팔았다가 당시의 유주幽州 절도사 장수규張守珪에게 체포되어 사형에 처해질 운명으로 형장으로 끌려와 목이 떨어지길 기다리고 있었다. 망나니가 칼을 막 휘두르려고 하는 찰나, 안록산은 절망적으로 고함을 쳤다. "대인께서는 2개 번의 침략군을 격멸하고자 하시는 것이 아닙니까? 왜 저 같은 사람을 죽이십니까!" 장수규는 사형수로서 이렇게 대담한 자를 처음 보는 데다가, 다시 보니 안록산이 키가 크고 신체가 건장하므로 육박전에서 큰 칼을 휘두르기에 좋은 재목이라고 생각하여 명을 내려 그를 방면하고 사사명史思明과 함께 정찰관偵察官으로 임명했다. 안록산은 어릴 때부터 현지에서 자라 산세, 지리에 밝은 데다가 비교적 용감하고 전투에 능하였으므로 매번

---

* 현재의 요령성 조양(朝陽)을 말한다.

출격할 때마다 적은 인원으로 많은 적을 이기고 적지 않은 거란인을 포로로 잡아 왔으므로 후일 그 공으로 편장偏將으로 발탁되었다.

훗날 안록산은 온갖 수단을 다해 상사에게 잘 보인 데다가 또 일정한 공로도 있어서 마침내 절도사가 되어 경성에 올라가 황제를 뵐 수 있게 되었다.

안록산은 절도사가 된 후 온갖 수를 써서 황제에게 접근하여 잘 보이고자 했다. 그는 황제가 변경의 장수들이 전공을 보고해 오는 것을 좋아하는 것을 알고 음모를 써서, 부근 소수민족의 수령과 장수들이 연회에 참가하도록 꾀어서 술판을 벌인 다음 술에 약을 타 먹인 후 수령들과 장수들을 모두 죽이고 그들의 목을 조정에 헌상하면서 전공을 보고했다.

서기 743년 안록산은 경도로 올라가 현종을 배알하였는데, 현종은 그를 매우 우대했다. 현종의 환심을 사기 위해서 안록산은 이야기를 꾸며댔다. 그는 현종에게 말했다. "지난해 7월 영주 경내에 해충이 나타나 벼 모종을 모두 먹어 치웠습니다. 신은 향을 사르고 상천上天에 기도하여 말했습니다. '신이 만약 백성을 위해 마음을 쓰지 않고, 황제에게 충심으로 충성을 다하지 않는다면 이 해충들로 하여금 저의 심장을 파먹게 하십시오. 다만 제가 충성심 있는 사람이라면 상천이 보우하사 이 해충들을 쫓아 버리십시오!' 그러자 홀연히 큰 무리의 붉은 머리를 한 검은 새들이 나타나 한순간에 이 해충들을 깨끗이 먹어 없앴습니다."

안록산이 너무 생생하게 이야기하므로, 정말 그런 일이 있었던 것 같아 현종은 이를 진실로 믿고 그가 자신에 충성하며 두 마음이 없다고 여겨서 그 이듬해 3월 그에게 범양范陽 절도사를 겸하도록 했다.

안록산은 매우 비둔하여 아랫배의 살덩이가 무릎을 덮었으며, 스스로 자기 몸무게가 300근*이라고 말했다.

길을 걸을 때는 수종들이 그를 도와 줘야 걸음을 내디딜 수 있었다. 그가 장안에 갈 때는 모두 말을 타고 갔으나 매번 준마를 골라야 했고, 그나마 역참을 지날 때마다 말을 바꿔야 했으며 그렇게 하지 않으면 말도 지쳐 죽어 버릴 지경이었다. 또 말안장 앞에는 다시 작은 안장을 설치하여 그의 뱃살 무게를 감당하게 해야 했다. 현종은 그가 이렇게 비둔한 것을 보고 농담 삼아 그의 뱃속에는 뭐가 들어 있는지 물었다.

안록산은 히히 웃으며 답했다. "다른 것은 없고요 다만 황상皇上에 대한 일편단심一片赤心만이 있습니다." 현종도 하하 크게 웃었는데, 현종이 보기에 그가 이렇게 충성심이 있으므로 그를 갈수록 신임하여 여식을 안록산의 장남 안경종安慶宗에게 배필로 주기로 허락했다.

안록산은 신체가 비둔하였으나 춤을 출 수 있었으니 그가 현종 앞에서 호선무胡旋舞를 출 때는 돌고, 방향을 바꾸는 것이 자유자재로운 데다가 속도 또한 매우 빨랐다. 현종은 이를 보고 파안대소하며 그를 더욱 총애했다. 현종은 안록산을 군왕郡王에 봉하고 그를 위해 장안에 왕공귀족의 거처와 같은 화려한 부중 저택을 지어 주었다.

---

* 오늘날 중국의 1근(斤)은 500g으로 우리가 말하는 근(600g)과 조금 다른데 여기의 근이 당시의 근인지, 현재의 근인지는 알 수 없다.

어느 해 정월 안록산은 영주의 진기한 보물을 현종에게 헌납하면서 의례를 치를 때 뜻밖에도 먼저 양귀비에게 보물을 바쳤다. 현종은 웃으며 양귀비에게 보라고 하고 안록산에게 말했다. "조정에는 예법과 삼강오륜이 있는데 방금 너는 특별한 보석을 바치면서 어찌하여 먼저 귀비에게 바친 다음 다시 내게 바쳤느냐?"

대전에는 일순간 정적이 감돌았다. 대신들은 모두 안록산을 바라보았는데 어떤 사람들은 그가 재앙을 당하리라 여겨 이를 즐겼고, 어떤 사람들은 그를 위해 걱정했다.

안록산은 낮은 목소리로 말했다. "신은 호족으로 폐하의 두터운 사랑을 받자와 대전에서 자리를 얻기까지 했습니다. 그러나 우리 오랑캐들의 습속으로는 모친만 알 뿐 부친이 누군지는 모릅니다. 그런데, 귀비와 폐하는 원래가 한 사람이므로 신은 귀비를 폐하 앞에 두고 생각하게 된 것입니다."

양옥환이 듣고는 멍해져서 입을 가리고 웃더니 말했다. "내 또한 너의 모친이 아닌데 너는 어찌하여 이렇게 하는가?"

누가 알았으랴. 안록산은 갑자기 자리를 나와서 무릎을 꿇더니 큰 소리로 말하는 것이었다. "마마께서 내치지 않으신다면 신 안록산은 마마의 양아들이 되고 싶습니다. 모후께서는 상좌에서 아들의 절을 받으십시오."

양옥환과 현종이 멍해져 있을 때 안록산은 이미 몇 번이나 머리에 소리가 나 울리도록 바닥에 머리를 치며 절을 했다. 현종이 웃으며 양옥환에게 말했다. "옥환, 어떻게 생각하시오."

양옥환은 애매하게 웃으며 말했다. "이 아이가 매우 총명하니 나 또한 좋아요."

현종도 하하 크게 웃었다. "이왕 이렇게 되었으니, 짐은 당신이 그를 양아들로 받아들이는 것을 윤허하노라."

이때 대신들 사이에 한바탕 술렁거림이 있었는데 사람들은 모두 마음속으로 안록산을 욕했다. 놀랍게도 자기보다 열 몇 살이나 적은 양귀비를 수양어머니로 한다는 것이니, 정말 후안무치하기가 극에 달했다고 할 것이었다.

양옥환은 깊은 생각이 없는 사람인지라 첫째로 재미있고, 둘째로 이 말잔치가 매우 달콤하여 늘 자기를 즐겁게 해주는 수양아들이 마음에 들었다. 그리하여 그녀는 돌연히 기발한 생각을 했으니, 안록산에게 '세삼洗三' 놀이를 하기로 청한 것이다.

'세삼'은 중국 고대에 매우 중요한 탄생 의식이었다. 영아가 태어난 후 3일 째 되는 날 친지들이 모여서 영아를 씻기며 축복해 주는 것이 바로 '세삼'이었다. '세삼'의 의미 첫째는 더러움을 씻어 재난을 털어내고, 둘째는 기도하며 복을 빌어 좋고 이로운 일이 있도록 하는 것이다. 따라서 어린 아이에게 '세삼'을 해 주는 것은 자연스럽고 매우 정상적인 일이었으나, 40세가 넘은 양아들에게 세삼을 한다는 것은 아마도 양귀비만이 할 수 있는 일이었을 것이다.

〈통감기사본말-안사의 난通鑑紀事本末-安史之亂〉에 기재된 바에 의하면 천보天寶 10년 정월 3일 안록산의 생일을 맞아 당 현종과 양귀비는 안록산에게 풍성하고 후한 생일 선물을 주었다. 생일을 보내고 삼일 째 되던 날 양귀비는 특별히 안록산을 궁으로 불러서 이 다 큰 아들에게 '세삼' 의식을 거행했다. 양귀비는 사람을 시켜서 안록산을 어린애로 삼아 큰 목욕통에 넣고 친히 그를 씻긴 후 비단으로 특별히 만든 큰 포대기로 안록산을 감쌌다. 그리고 궁녀들로 하여금 그를 들어 꽃가마에 올려놓아 후궁 화원에서 이리저리 다니게 하고 양귀비와 궁녀들은 그를 "루아야, 루아야祿兒"라고 부르며 시시덕거렸다.

안록산은 양귀비의 수양아들이 된 후 늘 동북지방의 진귀한 금수, 돌, 전쟁 포로 등을 힘닿는 대로 수집하여 장안으로 보내며 수양어머니에게 효도를 다 했다. 현종과 양귀비는 매우 기뻐하며 그에게 더욱 많은 금은보화를 주고, 더욱 높은 관직을 내렸다. 천보 9년 현종의 생일이 되자 안록산은 귀비의 양아들의 신분으로 현종 이융기에게 중후한 선물을 보내왔는데, 산석공덕山石功德과 번화향로幡花香爐*가 그것이다. 이융기와 양귀비는 이런 좋은 물건들을 보고 자연히 이 수양아들을 더욱 좋아하게 되었다.

안록산은 총애를 받은 후 늘 후궁을 자유로이 드나드는 데에 거리낌이 없었다. 그는 항상 귀비와 같이 밥을 먹고, 심지어 어떤 때는 밤을 새우기도 하여 많은 사람들이 안록산과 양귀비 간에 틀림없이 애매한 애정관계가 있으리라 생각했으나, 다만 현종만은 이런 일을 까맣게 모르고 있었다.

안록산이 이융기와 양귀비의 총애와 신임을 받은 것도 실은 우연한 일이 아니었다. 안록산은 생김새가 준수하고, 북방 소수민족의 혈

---

* 공덕을 새긴 산석과 깃대와 꽃이 달려 있는 향로로 보인다.

통이라 신체가 크고 위맹스러웠다. 안록산은 그 외에도 계산에 아주 밝은 사람으로 다른 사람의 마음을 헤아릴 줄 알았다. 그는 이림보가 말하는 것처럼 학식 없고, 행동거지가 조잡한 부류가 전혀 아니었으며 임기응변에도 능한 사람이었다.

세력이 생기면서 안록산은 점차 거만해져서 놀랍게도 황태자를 보고도 배례하지 아니하였다. 옆에 있던 태감이 가만히 그에게 이분은 저군儲君으로 황태자이시니 마땅히 무릎을 꿇어야 한다고 말해주었다. 안록산은 아무 것도 모르는 양 가장하여 물었다. "황태자는 어떤 관직이지요?" 현종이 말했다. "나의 100년 치세 후 나를 대신하여 황제가 되는 자리이지." 안록산은 이때가 되어서야 깨닫고 깜짝 놀란 양 하며 말했다. "신하가 되어 조정예의를 모르고, 마음속에 오로지 폐하만 있어 태자를 몰라 뵈었으니 그 죄 진실로 만 번 죽어 마땅합니다." 이 한바탕 너스레는 현종으로 하여금 더욱 그가 충신이라 여기게 하여 무한히 좋아하게 하였다.

서기 747년 안록산은 어사대부御史大夫가 되었다. 황제와 귀비의 특별한 총애를 받으니 재상 이림보를 만나도 허리를 잡고 하하 웃을 뿐 십분 공경하는 모습이 아니었다. 당시 이림보는 천하를 기울게 할 권력자인 데다가 뱃속에 칼을 숨기고, 말만은 비단 같이 하는口蜜腹劍 것으로 유명하여 그를 무서워하지 않는 대신은 아무도 없었다.

후에 이림보는 매번 안록산을 만나 이야기할 때는 사전에 암암리에 사람을 시켜 안록산의 근황과 최근에 무슨 일로 바쁜지를 탐문하여 안록산의 속마음을 간파하고 그 핵심을 찔렀다. 안록산은 스스로 다른 사람의 마음을 잘 요량한다고 여겼는데 뜻밖에 자기보다 한층 고명한 사람을 만날 줄을 몰랐으니, 저도 모르게 존경심이 생기고 이림보에 대해 두려워하는 마음을 갖게 되었다. 그래서 안록산은 이림보를 만날 때마다 매우 긴장하여 엄동설한에도 온몸에 땀을 흘렸다.

그리하여 안록산은 평소 일을 처리할 때도 조심하고 근심하여, 혹시라도 이림보에게 잘못 보일까 봐 매우 두려워하였으며 매번 사람을 시켜 장안으로 서신을 보내 이림보가 자신에 대해 어떻게 말하는지 알아보았다. 이림보가 자기에 대해서 좋게 말했다면 얼굴을 펴고 활짝 웃었으나 만약 이림보가 자신에 대해 "요즈음 자기 처신을 잘 해야 할 것이오."라고 살짝 안 좋은 말이라도 한다면 놀라서 팔걸이 의자에 몸을 눕히고 연신 "아이구, 나 죽었네." 하며 신음하였다. 이 사정을 안 이구년이 웃음거리로 현종에게 말해 주니, 늙은 황제도 하하 웃으며 아주 재미있다고 생각했다.

양국충의 출세는 안록산보다 많이 늦었다. 양국충이 아직 장안에 와 양귀비에게 의탁하기 전, 서기 742년 안록산은 벌써 평로절도사^{平盧節度使}로 승진해 있었다. 양국충은 비록 외척이었으나, 서기 748년에야 비로소 작은 관직을 얻었다. 안록산은 조정에서 노회하고 술수가 많은 이림보를 십분 두려워했으나, 양국충에 대해서는 근본적으로 우습게 봤다. 양국충은 이림보에 이어 재상이 된 후 안록산이 복종하지 않음을 보고 늘 현종에게 안록산은 모반할 야심이 있고, 그런 조짐 또한 있다고 말했다. 그러나 현종은 이것은 장수와 재상 간의 불화라고 보고 신경 쓰지 않았다.

서기 754년 봄, 현종은 양국충의 의견에 따라 안록산을 입조시켜서 그에게 모반의 뜻이 있는지 시험해 보았다. 안록산은 계략을 역이용하여將計就計 더욱 티를 내며 현종에게 자신의 일편단심을 말함으로써 현종으로부터 더욱 두터운 신임을 받았고, 현종은 안록산을 재상에 제수하려고까지 하였다. 양국충이 이를 알고는 즉시 현종에게 간했다. "안록산이 군공이 있다 하나, 그는 낫 놓고 기억자도 모르는 자인데目不識丁 어찌 재상을 해내겠습니까? 만약 이렇게 하신다면 주위의 국가들이 모두 대당 왕조를 가볍게 보게 될 것입니다." 이 문제는 가볍지 아니하여 현종도 설득되어 없던 일로 하는 수밖에 없었다.

일이 이에 이르자 안록산과 양국충 사이의 알력은 더욱 첨예하고 치열해져 일촉즉발一觸卽發의 시점까지 왔다. 그 외에도 양국충이 재상에 임명된 후 관리는 뇌물을 탐하고, 정치는 부패하며, 백성의 원성이 끓어오르니 마침내 안록산이 양국충을 토벌한다는 명분으로 황제의 자리를 차지하고자 반란을 일으켰던 것이다.

안사의 난 – 초췌해진 홍안 安史之亂

오래지 않아 이림보가 병으로 죽었다. 이림보가 죽은 다음 안록산은 조정에 믿는 구석이 있었기 때문에 무서울 게 없었으며, 모반할 징조를 점점 드러내기 시작했다. 그는 조정에 요구해서 범양范陽에 있던 32명의 한나라 장수들을 모두 소환시키고, 자신의 심복을 보내 그 자리를 채웠다.

현종 천보 14년(서기 755년) 10월, 안록산은 주도면밀하게 준비한 다음 반란을 일으키기로 결정했다. 때마침 어떤 관리가 장안으로부터 범양으로 오니, 안록산은 현종이 장안에서부터 칙서를 보내온 양 가장하여 장병들을 소집하고는 "황제의 밀명을 받았으니, 나는 군을 일으켜 경성으로 진격하여 양국충을 토벌한다."고 선포했다.

장병들은 모두들 너무 갑작스럽다고 느꼈지만 감히 황제의 뜻을 거스르지 못했다. 다음날 일찍 안록산은 반군을 이끌고 남하하였는데, 파죽지세로 연이어 대승을 거두며 경성을 향해 진격했다. 안록산이 반란을 일으켰다는 소식이 장안에 전해지자 현종은 당황해서 즉각 대신을 소집하여 상의했다. 만조백관들이 모두 이런 대 변란을 겪어 보지 못했던 터라 하나같이 놀라서 눈만 크게 뜨고 입을 벌린 채 멍해 있었는데 양국충만은 오히려 득의양양하게 말했다. "내 일찍이 안록산이 모반할 것이라고 했거늘. 그래, 내 말이 맞지 않았습니까? 그러나 폐하께서는 마음을 푹 놓으십시오. 안록산의 장병들이 그와 함께 반란하고자 하지는 않을 것입니다. 열흘이 되기 전에 반드시 누군가가 안록산의 머리를 보내올 것입니다."

현종은 이 말을 듣고 다소간 안심했다. 그러나 얼마 되지 않아 반군이 승승장구 거침없이 진격하여 황하를 넘어 낙양을 점령하니 장안의 위험도 조석간의 문제가 되었다. 현종은 양국충의 건의에 따라 사천으로 피난 가기로 결정했다. 마외역馬嵬*에 이르러 보니, 현령도 도망가 버리고 아무도 진상조차 바치지 않았다. 현종이 백성들에게 먹을 것을 헌납하도록 명하자 백성들이 수수 따위를 먹을 것으로 바치니 현종이 몇 입 억지로 먹다가 저도 모르게 눈물을 흘렸다.

이때에 장병들이 굶주리고 피곤한 데다, 날씨까지 지독하게 더우니 앞으로 나가기를 거부했다. 그러자 양국충의 정적인 태자 이형李亨과 환관 이보국李輔國, 진현례陳玄禮가 똑같이 양국충을 제거할 시기가 되었다고 보았다. 그들은 "이번의 반란은 모두가 양국충 때문에 일어난 것이니 양국충을 죽이면 반란은 잠재울 수 있다."고 장병들을 선동하였다. 수행하는 장병들도 주리고 지친 데다가, 양국충이 권력을 전횡하며 나라를 잘못 다스려 자기들이 고생한다는 데 생각이 미치자 원한이 들끓었다. 그러자 진현례가 장병 무리를 거느리고 양국충의 말 앞을 막고 그에게 군량미를 내어 놓으라고 요구하고 양국충이 놀라고 황당해 하는 틈을 타서 큰 소리로 "양국충이 모반하려 한다."고 외치고 그를 말에서 끌어내려 목을 쳐 죽였다.

그런 후 격분한 장병들은 양국충과 안록산이 의지하던 배경, 양귀비를 생각해냈다. 그들은 현종과 양귀비가 쉬고 있던 역관을 둘러싸고 고함쳤다. "귀비를 죽이지 않으면 절대로 어가를 호위하지 않을 것이다不殺貴妃, 誓不護駕."

현종이 이를 듣고 대경실색했다. "귀비는 내내 구중궁궐 깊은 곳에 있으면서 외부 정사에 관여하지 않았는데, 그녀에게 무슨 죄가 있어

---

* 오늘날의 섬서성 흥평현(陝西省 興平縣)을 가리킨다.

죽여야 한다는 말인가?"

사병들은 더욱 큰 소리로 절규했다. "귀비는 죄가 없으나, 양국충과 안록산을 심었으니 그것이 바로 죄다."

현종도 장병들이 양국충을 죽인 마당에 양귀비를 그대로 두지 않을 것이라 생각하였다. 그러나 현종이 어찌 이를 견딜 수 있단 말인가? 현종이 반나절을 아무 말도 하지 않자 밖의 소란스런 소리가 더욱 심해졌다. 이에 고력사가 황급히 현종에게 주청했다. "병사들이 안으로 밀어젖혀 들어오려 하고 있습니다. 폐하가 다시 결단을 내리시지 않으면 그들이 스스로 들어와 귀비를 죽일 것입니다."

현종은 그제야 눈물을 흘리며 말했다. "그러면 그녀로 하여금 자진하게 하자꾸나."

양귀비는 이를 알고 바로 혼절했다가 한참 지나서 겨우 깨어났다. 그녀는 울면서 현종을 한 번 더 보게 해 달라고 애원했다. 고력사가 그녀를 현종 앞으로 인도해 오니 그녀는 울면서 말했다. "신첩은 폐하가 저로 인하여 천하에 죄인이 되는 것을 도저히 볼 수 없어. 오늘 죽음으로써 성은에 보답하고자 합니다. 폐하 보중하십시오!" 그런 후 스스로 목을 매어 죽었다.

장병들은 귀비가 죽었다는 것을 알고 떠나갈 듯이 환호하더니, 다시 현종을 호위하여 서쪽으로 나아갔다.

태자 이형은 영무靈武*로 달려가서 곽자의郭子儀, 이광필李光弼 등 일군의 서북 장수들의 지지를 받아 제위에 올랐으니 그가 곧 당 숙종肅宗이다.

당 현종이 만년에 황음에 빠지고 사치한 생활을 하며 정사를 돌보지 않고 간신을 채용했고, 바로 그 때문에 안사의 난이 일어난 것이다. 안사의 난으로 당대의 생산력은 크게 떨어졌고, 전답은 황무지가 되었으며 백성은 거처를 잃고 떠돌게 되었다. 안사의 난은 당나라가 전성기에서 쇠퇴기로 돌아서는 전환점이 되어 당의 전성시대도 이로써 끝나 버렸다.

양옥환은 그렇게 지혜로운 여자가 아니었기 때문에 현종이 만년에 교만하여 사치하고 황음에 빠져 나태한 생활을 함으로써 초래할 정권의 심대한 위해를 예견하지 못하였고, 그러므로 현종에게 간할 수도 없었을 뿐 아니라, 오히려 현종이 마음대로 주색에 빠지도록 조장하였다. 당시 황궁에는 양귀비만을 위해 비단을 짜고 자수하는 공장工匠이 700명이나 되었고, 양씨 집안의 권세는 천하를 좌지우지하였다. 게다가 양귀비의 자매 세 사람은 매년 화장삯脂粉錢으로 백만 전 이상을 받았으며, 양씨 집안 5남매의 집은 대저택 문을 활짝 열어젖히고 참람하게도 관을 손아귀에 쥐고 흔들었다. 그들은 차마도 황제의 것을 쓰고, 그 화려함이 경성을 비출 정도였으며 자신들의 부귀를 서로 과시하였으니 집 한 채를 지을 때마다 천만금으로 계산했다.

이런 것들이 백성들의 부담을 가중시켰고 광범한 백성들의 분노가 깊은 곳에서 끓어오를 때, 안사의 난 또한 이로 인해 촉발되었던 것이다.

---

* 오늘날의 영하(寧夏)지방 내를 말한다.

소태후

그녀는 완벽한 여자였다. 꽃처럼 아름다운 용모에 문무겸전(文武雙全)하였으며, 성격이 온화하면서도 과감하였다. 더욱 중요한 것은 그녀는 공을 세우고 업적을 남겨서 청나라 역사에 길이 이름을 남겼을 뿐 아니라 자신의 애정도 쟁취했다는 것이다. 사업에 성공하고, 동시에 완전한 사랑도 얻는다는 것은 수많은 사람들이 꿈에 그리는 것이지만 일반인들로서는 좀처럼 이루기 어려운 일이다. 더구나 여인이 하물며 봉건사회의 황후로 말하자면 이것은 더더욱 어려운 일이었다. 바로 이렇게 어렵기 때문에, 비로소 귀한 것이리라.

— 소작(蕭綽, 953~1009)

소태후
蕭太后

어린 시절 소태후 : 少年蕭太后

대부분의 사람들이 소태후를 알게 된 것은 『양가장楊家將』의 고사故事에서부터이니, 그녀는 바로 그 이야기에 등장하는 당나라에 쳐들어온 무서운 요나라의 태후이다. 이 고사에서 소태후는 천성적으로 침략을 즐기며, 악랄하고 잔학한 소수민족의 태후로 묘사되어 있다. 그러나 역사상의 소태후는 그 소설에서 묘사한 것과는 딴판으로 기품과 용모가 군계일학이며, 현명하고 선량하며, 맑고 정도를 걸을 뿐 아니라 대의에 밝아서 요나라의 발전을 위해 중대한 공헌을 한 여자

공신이었다. 소태후는 이름이 작綽으로 어릴 때는 연연燕燕으로 불렸으며 거란의 귀족 가문 태생이었다. 소작의 아버지 소사온蕭思溫은 "단완태후斷腕太后" 술율평述律平의 조카로 소씨 가족은 조정에서 대대로 벼슬을 했다. 그녀의 어머니는 연국대장燕國大將 공주이니, 바로 요나라 태종太宗의 둘째 딸 야율여불고耶律呂不古이다. 따져 보면 연국대장 공주는 원래 자기 남편의 외사촌 조카였는데, 이렇게 황족의 부부 간에 한세대 차이가 나는 상황은 고대에는 아주 보편적인 일로 후일 소태후도 자신의 큰 딸을 자기 동생에게 시집보냈다. 소작의 아명 "연연燕燕"도 그 어머니의 봉호封號*에서 비롯되었다고 한다.

부친 소사온은 비록 책이며 시를 많이 읽었지만, 일반적인 문인처럼 한문만 할 줄 알았던 것이 아니고, 지모가 풍부하여 계책도 잘 썼다. 그는 일찍이 요나라 태종, 목종穆宗 연간에 유주幽州 유수留守를 맡아서 한동안 무관으로 지냈으나, 한 번도 무관으로서 전쟁에서 승리한 적이 없었다. 후에 조정에 들어와 시중侍中을 했으나, 정치적인 실적 또한 평범했다. 그러나 딸이 황후가 되면서 소사온의 세력도 점차 드러나게 커졌다. 오랜 기간 유주에 거주하여 한족문화를 비교적 많이 받아들였던 관계로 이 집안은 다른 거란 귀족들에 비해 비교적 한화漢化된 귀족집안이었다.

소작은 요遼나라 목종穆宗 응력應曆 3년(서기 953년) 정월에 태어났다. 소씨는 요나라의 특수한 성씨로 이 성씨만으로도 소씨 집안의 권세

---

* 하사 받은 칭호를 뜻한다.

와 귀족의 신분은 정해져 있었다.

 소씨는 원래 한족으로부터 유래되었는데, 춘추시대 대심大心이라 불리는 한 대신이 소읍蕭邑에 봉해지면서 소숙대심蕭叔大心이라 불렸으며, 후에 소씨 성으로 전해 내려온 것이다.

 요나라 건국 후 국내의 권문귀족으로는 야율耶律씨, 을乙씨 및 발리拔里씨 3성姓이 있었다. 요나라 태종 야율아보기耶律阿保機는 한 고조 유방劉邦을 매우 존경하여 자신의 야율씨를 유劉씨로도 부르게 하였고, 나머지 두 성씨의 공로가 매우 커 이들을 고조의 개국공신 소하에 상당하다고 보아 을씨와 발리씨를 소씨 성으로 바꾸게 하였으니, 이때부터 소씨 성은 야율씨에 이어 제2의 권신귀족 세력이 된 것이다. 요나라의 황제는 야율씨였으되, 황후는 일반적으로 모두 소씨 성이었다.

 고귀한 출신과 독특한 가정환경 덕에 소작은 어릴 때부터 아주 좋은 교육을 받아 시서를 충분히 읽었을 뿐 아니라 한족의 문화도 깊이 이해하였다. 이리하여 어른이 된 후의 소작은 여성의 아름다움만 갖춘 것이 아니라 남성의 강함 또한 갖추었으며, 지혜도 뛰어났다. 거란족의 호방한 기질이 있어 일찍이 군을 거느리고 유운幽雲16주를 정벌했을 뿐 아니라, 한족 여자와 같은 현숙한 지혜로움도 또한 갖추었다. 그녀는 훌륭한 가정교육에 더하여 그녀 자신의 천부적인 총명함과 지혜로움으로 치국의 도리를 깨닫고, 군사와 정치를 숙지하는 등 나라를 다스리고 군을 통솔하는 재능을 함양하였다.

 소작에게는 두 언니가 있었다. 전해지는 말로는 세 자매가 어릴 적에 소사온이 그들에게 함께 방을 쓸도록 했다고 한다. 이에 두 언니는 대충대충 적당히 했지만, 소작만은 한 올이라도 소홀이 하지 않고 깨끗이 쓸어서 부친의 지시대로 다 했다. 이리하여 소사온은 이 막내딸을 특별히 아끼며 그녀가 이후 틀림없이 출세하여 집안을 일으킬 것이라고 말했다.

이런 이유로 소사온은 소작으로 하여금 후일 권력자의 조력자(처)가 될 수 있도록 그녀를 의식적으로 정치에 보다 많이 접하게 하였다. 이와 같이 직접 실무에 참여하여 훈련을 받게 되자 원래부터 잠재적인 자질을 갖춘 소작은 더욱 성숙하고 노련하게 다듬어졌다. 그녀는 부친의 수많은 장서를 실컷 읽고, 경서와 사서를 탐독하며, 나아가 시를 읊고, 부賦를 노래하며, 금기서화琴棋書畵* 중 그 어느 것도 못하는 것이 없었으며, 더 나아가 무예까지 연마하여 갖추었다.

소작 일가가 요나라로 돌아왔을 때 소작은 이미 장성하여 열 몇 살 된 처녀가 되어 있었다. 요나라의 젊은 공자들은 소씨 집안에 유주에서 자란 셋째 딸이 있어 아름답기가 꽃 같고 지혜로움이 출중하다는 소리를 듣고, 모두가 그녀를 한번 보기를 갈망하였는데 그중에는 한족 관리 한광사韓匡嗣의 아들 한덕양韓德讓도 있었다.

한덕양은 조부를 따라 요나라에 왔으며, 그의 부친 한광사는 소사온과 세교지간世交之間이었다 그는 소작보다 나이가 열 살 남짓 많았으나 아직 결혼하지 않은 상태였다. 좋은 가정교육을 받은 한덕양은

---

* 금은 현악기, 기는 바둑, 서는 글, 화는 그림(문인화)을 뜻한다.

외모가 준수할 뿐 아니라 육도삼략, 문무 또한 갈고 닦아 인품과 외모를 동시에 갖추었다.

한번은 한덕양이 부친을 따라 소씨 집에 갔다가 우연히도 오래도록 흠모하던 소작과 맞닥뜨리게 되었다. 소작은 이날 군복 차림이었는데, 이 때문에 비범한 자색이 더욱 두드러져 보여 한덕양이 상상하던 것보다 더 사람의 가슴을 울렁이게 하였다. 소작 또한 눈앞에 나타난 위무가 있으면서도 선비 기질을 잃지 않고 있는 한덕양을 보고는 호감을 갖게 되었으니, 두 젊은이는 알 수 없는 기묘한 감정을 서로가 느꼈다.

한덕양은 부친에게 소씨 집안에 혼사를 제의해 보도록 말씀 드렸다. 두 집안이 세교지간으로 가문의 격이 서로 맞고, 그 외에 한덕양이 문무겸전한 인재이어서 소사온 또한 이 사윗감에 대해 마음이 들어 이 혼사는 아주 빨리 성사되었다.

두 사람의 혼사를 막 준비하려는 때, 요나라 황궁에 돌연히 경천동지할 큰 일이 생겨 이 일에 영향을 끼쳤으니 이 한 쌍의 원앙도 부득이 당분간 헤어져야 했고, 소작의 인생 궤적은 이때부터 바뀌기 시작했다.

임금의 명은 어길 수 없으니 : 君命難違

당시 요나라 목종은 폭군으로 술을 목숨처럼 좋아하여 늘 날이 밝도록 미친 듯이 술을 마시고 정오가 되어서야 깨어나곤 했다. 오랫동안 조정을 돌보지 아니하고 잠이나 잔다고 하여 사람들은 그를 수왕睡王이라 불렀다. 동시에 목종은 술김에 사람 죽이기를 좋아하여 기기묘묘한 이유로 사람을 죽이니, 어떤 사람은 애완용 동물을 키웠다는 이유로 피살되고, 어떤 이는 동작이 늦다는 이유로 피살되고, 더러는 술 먹고 취했다는 이유로 죽여 버리니, 주위 사람들은 하나같이 깜짝깜짝 놀라며 전전긍긍했다.

전해 오는 말에 의하면 목종이 살인을 좋아하게 된 것은 어떤 여자 무당의 말을 믿었기 때문인데, 그녀는 목종에게 "남자의 간으로 일종의 환약을 만들어 먹으면 불로장생할 수 있습니다."라고 말했다고 한다. 그래서 목종은 사람을 죽이고 그 간을 취하기를 좋아했는데, 한동안 먹어 본 후 속았다는 것을 알고는 그녀를 활로 마구 쏘아 죽이고 말이 그 위를 밟아 진흙처럼 짓이기게 했다.

목종에게는 또 하나의 특징이 있었는데, 여색을 가까이 하지 않는다는 것으로 그는 살아생전에 황후 소씨 한 사람만 있었고 비빈은 전혀 없었다. 소씨에 대해서도 그는 늘 나무라기만 하였으니 총애한다는 것은 더욱 생각도 못할 일이어서 이 왕후도 목종의 아들이나 딸을 낳아 보지 못했다. 목종은 죽은 후 회주懷州 흑산黑山의 회릉懷陵에 묻혔으나 황후는 같은 곳에 합장하도록 허락받지 못했다.

자기가 여색을 가까이 하지 않는 것은 그렇다 하더라도 목종은 나아가 다른 사람들도 자기와 같은 표준을 따르도록 요구했다. 한번은 시종 한 사람이 집사람을 보러 잠시 집에 갔다는 이유로 목종은 그를 곤장에 처하여 엄청나게 때리고, 뒤에는 다시 사람을 보내 그 시종의 처를 죽였다.

어느 날 다시 술에 취해 광기를 부리자 결국 시종도 참지 못하고 반항하기에 이르렀다.

목종은 사냥을 좋아해서 한번 사냥을 나가면 놀랍게도 절제함이 없어서 때로는 한 달을 내리 조정에 나가지 않기도 했다.

서기 969년 2월, 목종은 소사온 등 측근 대신들과 흑산에 사냥을 가서 하루 종일 사냥한 후 또 다시 대신들과 엄청나게 술을 마신 다음 돌아와 곤드레만드레 취해서 잠들었다. 깊은 밤에 깨어난 목종은 갑자기 배가 고파 큰 소리로 사람을 불렀다. "여봐라!"

그러나 이때 측근 시종 소가小哥와 세수 담당 화가花哥, 주방 담당 신고辛苦는 모두 잠들어서 목종이 한참이나 불렀지만 듣지 못했다. 소가가 목종에 의해서 깨어나 화가와 주방 담당을 불러왔을 때는 이미 목종은 얼굴이 벌게지도록 화가 나 있었다.

"네 놈들이 죽고 싶은 게냐?"

셋은 황급히 꿇어앉았다. "이 천한 놈들은 죽어 마땅합니다. 다만 오늘 사냥을 다녀와 너무 피곤한 나머지 깊이 잠들어 대왕의 부르심을 듣지 못했습니다."

목종은 술기운으로 "네놈들은 빨리 가서 내가 먹을 것을 챙겨와! 돌아오면 내 다시 네 놈들을 처치하도록 하지!"라고 내뱉고는 꿈속으로 떨어져 잠들었다.

셋은 놀라 다리조차 후들거려 주방에 모여 어찌해야 할지를 의논했다. 화가가 겁도 나고 분하기도 하여 말했다. "망했어. 지난번엔 연가連哥가 차를 늦게 올렸다고 죽임을 당했으니, 오늘 우리도 죽음을 면하기 어려울 거야!"

신고가 말했다. "이 잔인한 왕은 무고한 사람을 마구 죽인다고! 시종의 처자까지도 멋대로 죽여 대니, 그 죄는 용서받을 수 없어!"

소가는 성질이 강한 사람이라 주위를 돌아보고 아무도 없음을 확인한 후 신고의 말을 이어받아 말했다. "어떻게 하든 다 죽는 거야! 난 각오가 되어 있어. 우리 이 폭군을 죽여 버리는 게 어때? 어쨌든 지금 여기는 흑산으로 경성에서 멀리 떨어져 있고 사람도 많지 않으니 죽여 버리고 서둘러 달아나자. 어때?"

세 사람은 바로 의기투합하여 끈을 가지고 빈 그릇에 뚜껑을 씌워서 받쳐 들고 목종에게 갔다.

목종이 잠이 덜 깬 채 몽롱한 상태로 일어나, 막 젓가락을 들자마자 소가가 목종의 뒤로 돌아가 순식간에 끈으로 목종의 목을 졸랐다. 목종은 잠도 깨기 전이었고 그들이 이런 수를 쓰리라고는 생각지도 못한 터라, 숨도 내쉬지 못하고 말도 하지 못한 채 겨우 소가의 목을 잡기만 했는데, 이것도 주방 신고에 의해서 두 손이 꽉 잡히고 화가에 의해 두 다리까지 잡혀 움직이지도 흔들지도 못하고 그대로 목이 졸려 죽었다.

목종이 죽은 후 세 사람은 바로 흑산을 떠나 도망갔다. 지키는 시위 무사들도 소가 일행이 황제 신변의 사람인 줄 익히 아는 터라 그들이 중요한 일이 있어 밤을 새워 가는가 보다 하고 나가는 것을 막지 않았다가 한참이나 지나서야 황제가 죽었다는 소식을 듣게 되었다.

이 소식은 긴급히 소사온에게 알려졌고, 소사온은 크게 놀라서 소가 등 세 사람을 잡으러 보내려고 하다가 생각을 바꿨다. '이 도망간 놈들을 잡는 것이 중요하긴 하나, 나에게 크게 도움이 되지는 않아. 황제가 후사가 없으니, 누굴 내세워 황위를 잇게 하나?'

목종은 아들은 없으나, 몇 명의 조카들이 이미 장성해 있었다. 그 중에 야율현耶律賢과 엄살갈罨撒葛, 그리고 희은喜隱이 있었다. 야율현은 소사온과 빈번히 왕래하면서 잘 어울렸고, 소사온은 이 때문에 우선 야율현을 생각했다. 그리하여 그는 한편으로 소식이 새나가지 않도록 엄밀히 보안을 시키고, 한편으로는 화급히 도성의 야율현에게 자신의 친서를 보냈다.

야율현은 편지를 보고 즉시 측근 몇 명과 일군의 인마를 인솔하여 흑산으로 달려왔다.

야율현이 흑산에 도착했을 때는 희미하게 날이 밝아올 무렵이었는데, 그는 바로 소사온을 만나고, 소사온이 준비한 대로 목종의 영구 앞에서 황위 계승의 의식을 마치고 황제가 되니 그가 바로 요나라 경종景宗이다.

제왕齊王 엄살갈과 조왕趙王 희은은 뒤에 알고 매우 화가 났지만 자신들이 운이 없다고 자책하는 것 외에 달리 방법이 없었다.

경종은 요나라 세종世宗 야율완耶律阮의 둘째 아들이었다. 서기 951년 야율완이 부대를 인솔하여 전투를 치르고 돌아오는 중에 믿고 있던 대신 야율찰할耶律察割이 반란을 일으켰다. 야율찰할은 야율완과

두 명의 황후까지 모두 죽였다. 당시 야율현은 겨우 3세였는데, 천만다행으로 어전 주방의 유해리劉解里가 민첩하게 그를 모피에 싸서 땔감 더미에 숨겨두어 겨우 죽음을 면했다.

야율현은 왕위에 오른 다음 바로 소사온에게 깊이 감사하여 크게 상을 내려 그를 위왕魏王에 봉하며 북원추밀사北院樞密使, 북부재상北部宰相 및 상서령尙書令을 겸임하도록 했다. 그런데 야율현은 일찍이 소사온에게 꽃처럼 아름다운 셋째 딸이 있어 용모만 비범한 것이 아니라 지혜롭고 총명하며 문무를 겸비하여 남자에 조금도 뒤지지 않는다는 소식을 들은 바 있었다.

소작을 한번 본 후 이 젊은 왕자는 소작을 연모해 마지않더니, 황제가 되자 바로 소사온의 딸, 소작을 궁으로 불러들이는 문제를 들고 나왔다.

이때 소작은 이미 한덕양과 약혼한 사이로 두 사람 사이의 감정이 아주 좋았으나, 황제의 명령을 거스를 수는 없는 데다가 소사온으로 말하자면 딸이 황제의 처가 된다는 것은 집안에 더욱 좋은 것이라 경종의 요구를 흔쾌히 들어주니 소작과 한덕양의 혼사는 자연히 좌초되고 말았다.

소작은 3월에 궁에 들어가자 바로 귀비가 되었으며, 겨우 두 달이 지나서 정식으로 황후에 책봉되었다. 그러자 소사온은 빠르게 조정에서 중요한 인물이 되었다.

당시의 요나라는 목종의 19년 폭정으로 인하여 국세가 날로 쇠잔해 가고 있었다. 경종은 즉위 후 혼란한 국면을 마주하여 정말로 한

판 크게 사업을 일으켜 보고자 했으나 자신의 힘이 미치지 못함을 느끼고 있었다. 경종은 어릴 때 그 위난을 당하여 생명은 보전했지만 병을 얻었으니, 신체가 체질적으로 매우 약한 데다가 후에 풍한*에 감염되어 신체가 더욱 허약해졌으며, 그 외에도 늘 발작을 일으키고 한번 발작하면 말안장에도 앉지 못했다. 병이 오면 경종은 황후 소작으로 하여금 자신을 대신하여 국사를 처리하게 하였다. 거란 왕조의 운명이 바로 소작의 손아귀에 떨어진 것이다. 경종으로서는 이렇게 유능한 황후가 있어 의지가 되어 주어 위안을 얻고 편안히 쉴 수 있었으니, 황제와 황후는 각자 자기 일을 하게 된 것이다. 소작은 말이 보좌이지 사실상 모든 권력을 장악하였고, 황제에게는 정책 결정의 결과만 말해주면 그만이었다.

  천부적으로 총명하고 진취적인 포부까지 가진 소작은 남편과 부친의 도움 아래 그 재능을 마음껏 드러냈으니, 바로 전면적인 개혁을 시작한 것이다. 그녀의 과감한 결단력과 노련함은 여러 신하들로부터 충심어린 존경과 충성을 받게 되었다. 대신들은 일이 있으면 바로 황후를 찾았으며, 경종은 이를 개의하지 않을 뿐 아니라 간섭은 더더욱 하지 않았다. 딸이 대권을 장악함에 따라 조정에서 소사온의 권력도 날로 위망을 더해 갔다. 소작이 경종에게 시집간 후 그의 큰 딸은 제왕 엄살갈에게 시집가고, 둘째 딸은 조왕趙王 희은에게 시집갔으니 모두가 권력 집단의 핵심인물이었다. 이렇게 세 사람의 혁혁한 사위들

---

* 風寒 : 통상 감기라고 번역되나, 그보다는 좀 더 장기적이고 고질적인 병으로 보인다.

이 있어서 소사온의 권세도 갈수록 커져 갔다.

좋은 처로서 소작은 남편을 위해서 국사를 분담하였을 뿐 아니라, 경종을 위해서 일곱 명의 아이들을 낳아 키우기도 했다.

서기 972년 19세의 소작은 경종에게 첫 아들 야율융서耶律隆緖를 낳아 주었으며, 그 후 10년간 그녀는 세 명의 아들과 세명의 딸을 낳았으니 목종에 비하면 경종은 제사 지낼 자손이 넘쳐났다고 할 수 있다.

소작의 노력으로 요나라의 국력은 점점 회복되어 경제력과 군사력이 날로 강대해졌다. 국태민안國泰民安하고, 백성요업百姓樂業하는 형세를 보고 경종은 크게 기뻐했으며, 한편으로 소작이 자신을 위해 하는 모든 것에 크게 감사하여 그녀에게 극히 높은 정치적인 대우를 해줬다.

하루는 경종이 기록하는 사관史官을 불러서 그들에게 말했다. "이후 너희들은 황후가 하는 말을 기록하도록 하고, 또 황후의 말에 '짐朕', '나予'라는 말을 써야 하며, 이 규정을 법령 중에 기재해 두도록 하라."

고대에 군왕이 하는 중요한 말은 전담하는 문관이 기록했는데, 이러한 대우는 황제만 받는 것이며 황후며 기타 그 누구도 이런 특권을 누릴 수 없었다. 경종의 이러한 조치는 소작의 지위를 자기와 대등한 수준으로 격상시키는 것이어서 소작은 실제로 요나라의 여자 황제였던 셈이다.

수절과부 :守寡

건형乾亨 4년, 즉 기원 982년 9월, 경종은 소작과 몇몇 대신을 거느리고 산서山西에 사냥을 하러 갔다. 북방의 9월은 이미 하늘이 높고 공기가 시원한 가을로서 경종은 매우 즐겁게 놀다가 방심한 탓에 저녁 무렵 갑자기 추워진 날씨에 다시 풍한이 도졌다.

경종의 이번 풍한은 이전에 비해 더욱 중한 데다가, 생소한 기후와 수질이며 풍토에 적응되지 아니하여 병태가 아주 빨리 악화되어 호전되지 아니하였다. 경종은 자신이 이미 중한 병에 걸렸음을 알고 후사를 요량하려 했다.

이날 저녁, 경종은 소작과 측근 대신들을 불러 말했다. "보아하니 나는 이제 틀렸다. 단지 황태자가 아직 어리고 조정에 주인이 없어 내가 마음을 놓을 수 없구나."

그런 다음 그는 소작을 보면서 말했다. "황후, 그대는 나를 위해 적지 않은 국사를 맡았는데 내 이 젊은 나이에 당신을 떠나게 되는구려."

소작은 눈시울을 붉히며 말했다. "황상, 그런 말 마세요. 아직 젊으세요."

경종은 이어서 말했다. "하늘이 사람 뜻대로 내버려 두지를 않는구려! 내가 죽은 다음 태자 양왕梁王 융서隆緖로 하여금 제위를 잇도록 하고, 군국대사는 모두 황후가 결정하시오."

며칠 후 경종이 붕어했다. 이제 요나라의 대권은 누구도 이의할 수 없게 온전히 29세의 황후, 소작의 손에 주어졌다.

남편의 죽음은 소작에게 일찍이 가져 보지 못한 압력이 되었다. 이전에도 그녀가 주로 조정 일을 책임지고 처리했지만, 그래도 황제가 뒤에 버티고 있었기에 황실의 기타 원로며, 대신들이 모두 그녀에게 마음으로부터 복종했던 것이었다. 그러나 지금 황제가 없고 그를 계승한 아들 성종聖宗 야율융서는 막 12세가 되었으니, 정권이 불안정하게 될 가능성이 아주 컸다.

그 외에 요나라는 태종太宗 대에서부터 시작하여 친왕親王들은 병권을 가진다는 규정이 있어서, 친왕들의 권력이 비정상적으로 컸기 때문에 그들이 마음만 먹는다면 연합해서 모반한다는 것도 아주 쉬운 일이었다. 게다가 당시 요나라 변방의 정세도 복잡하여 외우내환의 국면으로 조정 내외의 인심이 매우 흉흉했다. 이렇게 극히 민감한 비상시에 정변은 수시로 일어날 수 있는 일이어서 소작은 매우 근심하게 되었다.

그러나 이상할 정도로 침착했던 소작은 경종의 병이 위급할 때 병상에 불려가서 명을 받은 대신 야율사진耶律斜軫과 한덕양을 떠올렸는데, 이들은 모두 황제의 측근 대신으로 경종에 대한 충성심과 절개가 한결같았다.

소작은 서재에서 십여 년간 자신의 명을 받아 온 두 중신을 비밀리에 만나서 말했다. "선제가 붕어하신 지금 친왕들이 중병重兵을 장악하고 있어 그 세력이 매우 큽니다. 선제가 계시지 않은 지금 이 친왕들이 어디 나의 지시를 듣겠습니까? 새로운 황제는 아직 어려서 혼자 감당할 수 없으니 고아와 과부가 어찌 이런 사람들과 싸워내겠습니까?"

소작은 말을 할수록 마음이 슬퍼져서 견디지 못하고 눈물을 쏟아내었다.

다른 분야에서와 마찬가지로 정치에서도 여자가 집권하는 것에 대해 곤란한 점이 많이 있겠지만, 반면 유리한 점도 많이 있었으니, 특히 남자들과의 교제에 있어서는 쉽게 그들의 도움을 얻을 수 있다는 것이다. 여린 여인인 소작의 이런 모습이 두 대신의 마음을 움직였으니, 그들이 보기에 줄곧 노련하고 강건하던 소작이 이처럼 아무 도움을 받지 못하고 있는 처지를 보자 영웅심이 동하여 함께 소작을 위로하면서 맹서하였다.

"우리 대신들이 태후의 오른팔, 왼어깨가 되어 드릴 텐데, 태후께서는 근심하실 게 무엇이 있겠습니까?"

북원대왕北院大王 우월于越 야율휴가耶律休哥는 가장 위협적인 인물로서, 그는 전공이 혁혁하고 이로 인해 많은 병력을 장악하고 있었다. 따라서 소작도 그를 유주 유수幽州留守에 봉하여 남쪽 방면의 군사를 총괄하게 하여 변방을 강화하였다.

도성의 귀족들은 바로 야율사진이 감독을 책임지고 있어 소작은 그를 북원추밀사北院樞密使에 봉하여 내정사무를 관리하게 하고, 특히 귀족들을 엄격히 감독하게 하였다.

그 외에 다시 친왕들이 사적으로 만나지 못하게 규정하였다. 이렇게 하여 친왕들의 권력이 분산되어 쉽게 황권에 대항할 강대한 파당이 결성되지 못하게 하였으며, 그런 다음 개별적으로 친왕들의 병권을 몰수하여 황권을 공고히 했다.

뒤탈이 없게 조치한 다음 소작은 황태후의 신분으로 국가를 다스리는 일에 착수하였다. 비록 태후의 신분에 불과했지만 이때의 소작은 의연히 요나라 최고의 통치자였다. 종실 친왕들이 여전히 모반할 생각도 하였으나 이미 병권이 없어 대세를 되돌릴 방법이 없었다. 게다가 대신들이 대의를 깊이 알며 아랫사람을 어질게 대하고 성품이 과감강직한 이 태후에 대해 마음속 깊이 복종하며 충성을 다하였기 때문에 그들은 모반할 다른 방법을 찾을 수도 없었다.

야율사진과 한덕양의 자신에 대한 충성에 감사하여 소작은 이 두 대신들을 특별히 예우했다. 통화統和 원년 8월 소작이 준비한대로 요나라 성종 야율융서는 여러 사람이 보는 앞에서 야율사진과 활과 화살 및 말안장을 교환하여 생사의 교분生死之交을 맺었다. 황제와 신하가 교분을 맺는다는 이런 의식은 역대 어떤 왕조의 황제도 해본 일이 없었던 것이었다.

소작의 이와 같은 조치는 야율사진을 매우 감동하게 하여, 이후 그는 소작에게 더욱 충성하며 많은 공을 세웠다.

그럼에도 불구하고 야율사진에 대한 이러한 대우가 한덕양에게 대한 대우에는 미치지 못했으니 소작에게 야율사진은 그저 황제와 형제의 의를 맺은, 소작의 연배였을 뿐이었다. 그에 비해 한덕양은 황태후가 처음으로 시집가려 했던 사람으로 다년간의 연정이 있었으므로 비록 그녀가 황제의 부름을 받아 황후가 되었으나 현재 황제가 없는 황태후로서는 다시 그와 일전의 인연을 이어갈 기회가 생긴 것이었다.

재개된 인연 : 再續前緣

이때의 소작은 아직 30세가 되지 아니하였으니, 여인으로서 그야말로 성숙하고 풍만하며 요염할 나이였다.

비록 몸이 존귀하여 태후에 이르러 천하를 가졌지만 용모와 재주가 한창 피어나던 소작도 필경은 한 여인으로 다른 모든 여자들과 똑같은 감정을 가지고 있었다. 나라를 다스림에 있어서 냉정한 그녀도 이 신분이 특수한 고굉지신股肱之臣인 한덕양에 대해서는 다른 사람들과는 다른 남녀 간의 정을 내보이곤 했다.

한덕양은 조상의 원적이 북송北宋으로 한족이었다. 그의 집은 북송과 요의 경계인 하북河北 옥전玉田에 있었다. 요나라 태조 야율아보기耶律阿保機는 건국 당시 수시로 북송을 교란하고 많은 사람들을 잡아서 요나라로 데려와 노예로 삼았는데 한덕양의 할아버지 한지고韓知古도 그렇게 불행하게 잡혀온 사람 중의 한명이었다.

불행하다고 하지만 그것 또한 그에게는 행운이었다. 한지고는 요나라로 압송된 후 황후 신변의 노예가 되었는데, 그는 많은 책을 읽었고 담량과 식견도 있었던 데다가 황후의 곁에 있게 되어 재능을 펴보일 기회를 가지게 된 것이었다.

후에 황제 야율아보기도 이 젊은이의 재능을 알게 되어 그에게 벼슬을 내렸다. 한지고는 일을 아주 잘해서 후일 중서령中書令에까지 이르러 요나라 역사상 유명한 관리가 되었다.

한지고의 셋째 아들 한광사韓匡嗣가 바로 한덕양의 부친이었다. 당시 한광사와 소사온은 모두 친왕 야율현의 측근대신으로 친밀하게 왕래했었다. 후일 야율현이 황제가 되니 이 두 집안은 자연히 벼락출세를 하게 되었다. 한광사는 관운도 좋아서 서남면초토사西南面招討使, 정사령政事令, 상서尙書, 진왕秦王 등 관직을 계속 했을 뿐 아니라, 요나라의 귀족들과 통혼하고 인연을 맺어 그의 처와 3명의 사위까지 모두 요나라의 권신귀족이었다. 원래 아들 한덕양도 요나라 대신 소사온의 딸 소작과 결혼시키려 했는데, 공교롭게도 며느리 될 여자가 황제의 눈에 드는 바람에 혼사가 깨져 버린 것이었다.

소작이 궁에 들어간 후 한광사는 아들에게 다른 며느릿감을 물색해 주었는데, 후일 한덕양은 다른 여자는 취하지 아니하고 그 처와 아들 한명을 낳았다.

경종이 죽자 소작은 일종의 묘한 희망과 충동을 갖게 되었다.

어느 날 저녁, 소작은 한덕양을 궁으로 불러서 그와 옛 이야기를 하기 시작했다. 두 사람은 10여 년간의 생활이며, 한덕양의 처와 아들에 대해서도 이야기했다. 소작은 한덕양의 처를 보았으며, 마음속으로 자신과 비교도 해 보았다. 한덕양의 처 이李씨는 온유하고 현숙한 여자로 명문 출신이어서 한씨 집과 격도 맞았으며, 한덕양도 그녀에게 매우 잘했다.

두 사람은 의기투합하여 이야기하는 것이 마치 오랜 세월 만나지 못한 친구 사이 같았다. 이전에는 소작과 한덕양이 단 둘이 만나는 경우가 매우 드물었으며, 보통은 경종과 여러 대신이 있는 자리에서 만났고, 이야기도 모두 국사에 관한 것이었다. 그러나 이날 소작이 한덕양을 불러서 옛 이야기며 그동안의 생활을 이야기한 것은 다른 속셈이 있어서였다.

이 감수성이 풍부하며, 사랑도 미움도 못할 것이 없는 여인은 결국 참지 못하고 직설적으로 말했다. "애초에 내가 선제의 눈에 들어 궁에 들어오게 된 것은 내 뜻은 아니었고 임금의 명을 거역할 수 없어서였을 뿐이니, 그대는 이를 이해해 주어요."

한덕양은 고개를 끄덕였다. "저도 압니다. 다 지나간 일인 걸요."

소작이 이어서 말했다. "내가 이전에 그대와 약혼을 했었고 지금 선제가 안 계시니, 다시 그대와 시작하고 싶어요. 지금 내 아들이 황제인데, 그는 바로 당신 아들과 다름없으니 당신께서 잘 보살펴 주셨으면 해요."

한덕양은 내심 놀랐다. 왜냐하면 소태후가 이렇게 직설적으로 용감하게 자신의 심정을 명백히 드러냈기 때문이며, 이 강직과감한 철혈 황후 소작에게 놀랍게도 이런 치정癡情이 있어 수많은 세월이 지난 지금도 자신을 연모하여 잊지 못하고 있다는 사실 때문이었다. 실로 감동스러운 일이었던 것이었다.

그러나 자신은 이미 처가 있었다. 책임감 있는 이 남자는 그래도 마음속으로 이를 고려하여서 말했다.

"태후의 뜻을 덕양이 알겠습니다. 태후께서 과감하고, 명석하게 결단을 내리시므로 대신들이 모두 깊이 존경하며 승복하고 있습니다. 다만 덕양은 이미 처가 있습니다. 신하된 몸으로 어린 임금과 태후를 보살피는 것은 당연한 본분이오나, 전의 인연을 다시 이어 가는 문제는 후일 다시 의논하시지요!"

이 말은 소작을 상심하게 했으나 그녀 또한 한덕양의 처지를 이해하고 있었다. 그러나 여인의 몸으로 아무리 도량이 넓은들 가슴이 쓰라린 것은 어쩔 수 없었다. 한번은 소작이 한덕양을 궁으로 불렀는데 공교롭게도 이날 이씨가 중병에 걸려서 한덕양이 소작의 명에 응하지를 못했다. 소작은 매우 화가 나서 사람을 시켜서 보약을 보내면서 가만히 그 안에 독을 탔다. 이씨는 이 보약을 먹고 바로 절명하고 말았다.

이씨가 죽자, 소작과 한덕양의 명분도 당당하게 함께하게 되었다. 이때부터 한덕양은 소작의 처소에 드나들며, 소작과 함께 함이 부부와 같았다. 그들의 감정은 갈수록 뜨겁게 타올라 이미 모든 사람들이 알게 되었다. 오히려 소작과 한덕양은 어떤 사람에게도 숨기거나 삼가지 않고, 아예 한덕양이 소작의 처소로 이사를 했다. 그들은 함께 짝이 되어 드나들고, 함께 일하며, 함께 잘 뿐 아니라, 외국 사신을 접견할 때도 이를 숨기지 않았다.

사랑의 달콤함을 맛보면서 소작의 요나라에 대한 통치와 개혁은 더욱 탄력을 받았다. 그녀는 농경을 장려하고, 청결을 부르짖고 억울한 옥사를 척결하고, 일부 노예도 해방해 주니 요나라는 국력이 욱일

승천하여 경제가 발전하고, 변경이 안정되었다.

반면, 한덕양의 직위는 갈수록 그 성격이 애매해졌다. 그는 매일 소작이 조정 정무를 처리할 때 동반하여 함께할 뿐 아니라, 남면추밀사를 맡고 동시에 영숙위사領宿衛使를 겸임하여 소작과 어린 황제의 안전을 직접적으로 책임졌다.

소작과 한덕양의 관계는 요나라 조정과 민간은 물론이며 북송에까지 더 이상 비밀이 아니었다. 그러나 이는 어쨌든 명분이 없는 일이었다. 시기가 되었다고 본 소작은 한덕양에게 재가再嫁하기로 결정했다.

요나라 풍속상 재가한다는 것은 극히 통상적인 일이었으나, 대국의 태후로서 그렇게 한다는 것은 온 세상에 잘못된 일을 저지르는 것이 아닐 수 없었다. 그러나 소작은 일반적인 황태후가 아니었으니 그녀의 개인적인 매력이며, 빼어난 인품과 귀족, 대신 사회에서의 위망은 모든 사람으로 하여금 세속적인 편견을 뛰어넘어 그녀의 재가를 현실로서 받아들이게 했다.

이러한 감정적인 묵인을 얻어내기 위해서 그녀는 한 가지 방법을 생각해냈다.

통화 6년 9월의 어느 날, 소작은 황궁에서 황친과 중신들을 초청하여 연회를 열던 관례를 깨고, 한덕양의 막사에서 여러 신하들을 불러서 연회를 열었다.

이때의 연회는 규모가 방대해서 소작과 한덕양의 가솔家人 전부가 참석하고, 문무 대신들이 모두 초청되었으며, 귀족들도 상당수 참석했다.

연회석상에서 소작은 한덕양에게 무겁게 상을 내리고, 자리를 함께 모든 한 귀족과 대신들에게도 많은 물건을 상으로 주었다. 마지막으로 그녀가 말했다. "여러분 오늘은 마음껏 즐기십시오. 만약 내일 취해서 조정에 못 나오신다 하더라도 문제 삼지 않을 것입니다."

모든 사람들은 분명히 알았다 — 이것이 바로 소태후가 한덕양에게 개가하는 축하연인 것을! 이때부터 한족 관료 한덕양은 바로 대 요국의 태상왕이 되었다.

이후 한덕양은 평보平步로 출셋길을 걸어가 점차 요나라의 최고 권력자가 되어 갔다. 그는 태보太保, 정사령政事令, 총리남북이원추밀원사總理南北二院樞密院事, 대승상大丞相 등 여러 직책을 일신에 겸임했다.

소작은 또 한덕양에게 야율耶律 성姓을 내리고, 그를 진왕晉王에 봉하였으니 그 권력이 친왕보다도 컸으며, 한씨 집안은 이리하여 한족 노예에서 시작하여 요나라의 귀족이 되었다.

한덕양은 소작의 신임과 사랑을 저버리지 않고 일평생을 그녀에게 일편단심 충성하였으며, 공을 빙자하여 사리를 도모하는 일이 없이 전심전력 요나라의 부흥과 발전을 위해서 몸을 바쳤다.

현명한 여자 군주 소태후 賢明女主蕭太后

통화 원년(서기 983년) 요나라는 국호를 다시 "대거란大契丹"으로 바꾸었으며, 소작은 일련의 대대적인 개혁을 시작하여 경국經國의 큰 그림을 그려 나갔다.

　당시 요나라의 법률상 잔혹한 형벌이 많이 있었는데, 그중에서도 제일 가혹한 것이 연좌제連坐制였다. 통상 한 사람이 죄를 저지르면, 집안 노소는 물론이고, 주위에 가까이 했던 친척들도 모두 화를 당해야 했으니, 기본적으로 멸문의 징벌이었다.

　통화 원년의 어느 날, 북원 선휘사宣徽使 야율아몰리耶律阿沒里가 소작에게 나아가 간했다. "연좌제는 너무 잔인합니다. 재앙이 무고한 사람에게 미쳐, 죄라고는 지어 본 일이 없는 사람들까지 모두 연루되어 잡혀 오니, 너무 인정과 도리에 맞지 않습니다. 원컨대, 태후께서 명을 내려 폐지하셨으면 합니다."

　소작은 사실 자신도 이런 제도가 맞지 않다고 생각하던 터에 오늘 마침 같은 상신이 있으므로, 야율아몰리의 말이 아주 합당하다고 하며 속시원하게 말했다.

　"좋아, 그럼 경의 말대로 처리합시다." 그런 후 바로 사람을 시켜서 같은 규정을 법률에 기록해 두도록 했다.

　소작은 비록 정치적으로는 철완鐵腕의 태후였으나, 사실 매우 관후인자한 사람이었다. 대신들이 잘못한 일을 처리할 때도 개방적이고 명민한 통치자의 풍도를 보여 주었다.

　당시 내만십乃萬十라는 대신이 있었는데, 큰소리치기를 매우 좋아했으며, 취중에는 더욱 그러했다.

　한번은 소작이 대신들을 불러서 연회를 열었는데, 내만십은 술 몇 잔에 취해서 혀가 제대로 돌아가지 않았다. 그는 옆에 있는 대신과 궁정 안의 소문을 이야기했는데, 모두가 남녀 간의 일들이었으며 이야기는 놀랍게도 소작과 한덕양에게까지 미쳤다.

뒤에 이 말은 소작의 귀에까지 들어갔다. 다음날 소작은 내만십을 불렀는데, 이때 내만십은 이미 술이 깨어서 화들짝 놀랐으나 도리가 없어 '이제 나는 죽었다'고 생각하며 더듬더듬 말했다.

"제가 죽일 놈입니다. 신이 취중 실언을 하여서……."

"취중의 말을 어찌 사실이라 여기겠는가? 다만 술 먹고 진담을 토하기도 한다 하여 묻노니, 어제 경이 말한 것이 그대의 진실한 생각인가, 아니면 길에서 주워들은 말인가道聽途說?" 소작이 이렇게 물을 줄 누가 알았겠는가?

내만십이 황급히 말했다. "주워들은 말입니다. 확실합니다!"

소작이 말했다. "좋아, 그럼 내 이렇게 허튼 소리나 하는 자를 잡아 내지. 그대에 대해서는……." 하면서 시위 무사들에게 말했다.

"대신이 취중 실언하는 것도 용서할 수 없는 죄이니, 끌어다 곤장 50대를 쳐라!"

내만십은 자기와 따지려 하지 않는 소작의 태도를 보더니 탄복하며 감동하여 황급히 바닥에 무릎을 꿇고 사은했다. 이후 그는 함부로 허튼 소리를 하지 않았다.

소작은 여왕으로서 여자 특유의 섬세한 배려를 잘 했다. 그녀는 대신들을 이해하고 동정할 뿐 아니라, 평민 백성과 노예에 대해서도 관심을 가지며 그들의 신분이 미천하다고 해서 사람 대우를 하지 않는 일은 없었다. 당시의 요나라는 노예제 국가로서 국가 권력등급은 귀족-관리-평민-노예의 순에 의하였다. 많은 노예들은 잡혀온 한족들로서 지위가 매우 낮아서 수시로 주인에 의해서 구타 당하고 욕을 먹었을 뿐 아니라, 주인들은 자기 노예를 마음대로 죽일 수도 있었다.

후에 소작은 주인일지라도 함부로 노예를 죽일 수 없고 노예가 확실히 잘못을 저질렀어도 반드시 공적 기관에 인도되어 타인에 의한 재결이 내려져야 그에 따라 처분할 수 있다고 규정했다.

소작은 그 외에도 많은 법령을 고쳤는데, 요나라 신민이기만 하면 거란족이든 한족이든 일체 평등하게 대우하며, 법률상 모두 같은 책임을 진다고도 규정했다. 소작은 또 "왕공이 법을 어겨도 서민과 같이 죄를 받는다子犯法, 與庶民同罪."는 규정을 엄격히 집행하여 백성들의 이익을 지켰다.

소작의 이러한 일련의 조치는 요나라의 상하 모든 사람들을 마음으로부터 복종하게 하여 대신들은 하나같이 그녀에게 승복하고 존경하여 한마음으로 충성을 다했으며, 백성들은 안심하고 살면서 생업을 즐겼다安居樂業.

전연의 동맹 : 澶淵之盟

거란과 송나라 사이에는 풀리지 않는 어려운 문제가 있었으니, 바로 후진後晋 연간에 석경당石敬塘이 요나라에 할양해 준 유운16주幽雲16州의 문제가 그것이었다. 이 땅은 인구가 밀집하여 경제가 발달하였으며, 면적 또한 엄청 넓었을 뿐 아니라, 교통의 중심이며 전략적인 요충지여서 요나라가 절대로 다시 내줄 생각이 없는 곳이었고 송나라 또한 쉽게 포기하려 하지 않는 곳이었다.

요나라 경종景宗이 죽고 새로운 황제가 아직 어리니, 당시 송나라의 황제 태종太宗이 볼 때 요나라에는 용만 많고 우두머리가 없으며, 여자 한 사람이 나라를 관리하고 있을 뿐이었다. 그래서 그는 수차례에 걸쳐서 병을 일으켜서 요나라를 공격하였으니, 바로 유운 16주를 탈환하고자 하였던 것이었다. 그러나 이는 송 태종이 소태후의 능력을 과소평가한 소치였다.

성종聖宗 통화 4년(서기 986년) 3월, 송 태종은 30만 대군을 거느리고, 세 갈래로 유운지구를 향해 바로 진격했다. 송군은 연이어 승리하였고, 요나라의 형세는 매우 위급했다. 소작은 여자로서는 좀처럼 보기 어려운 기개로 전장에서 지휘하며 반격을 가했다. 그녀는 어린 황제를 데리고 친히 전투에 임하여 각 방면의 병마를 기민하게 지휘하여 송의 동, 중 두 갈래 군을 차례로 격파하였다. 그런 다음 그녀는 삭주朔州에 매복하였다가 주력 송군을 패퇴시켰다. 송나라 군대는 철저히 격파되어 감히 다시는 요나라 영내로 깊이 들어가지 못했다.

몇 년이 지나자 요나라 성종도 건장한 젊은이로 자라 나라를 다스리고 정치를 함에 있어서 모친의 가르침을 제대로 받아서 젊고 유능한 군주가 되었다. 한 나라의 통치자라면 누구나 국력이 강성해진 후에는 영토를 넓혀서 백성들을 복되게 하고자 바라게 된다. 그리하여 8년 후, 즉 통화 12년의 9월에 소작과 그 아들 성종은 군을 일으켜 남하하기로 했다.

　요나라 군의 진격이 매우 순조로워, 하북河北에서 관민의 저항을 받은 것 외에는 다른 지방을 신속히 점령을 해 가면서 11월에는 전주澶州에 다다랐으니, 바로 오늘날 하남河南의 복양濮陽지방이다.

　송나라 진종眞宗은 요군이 진격해 오는 기세가 사나운 것을 보고는 왕흠약王欽若 등 대신들의 권고에 따라 바로 남방으로 피난가기로 했다. 그러나 이런 시도는 재상 구준寇准 등 대신들의 극렬한 반대에 부딪혔다.

　구준은 송 진종에게 간언하며 말했다.

　"하북의 군대는 낮이고 밤이고 폐하가 오기만을 기다리고 있으니, 폐하께서는 필히 군을 거느리고 출정하셔야 합니다. 만약 폐하께서 달아나신다면 전방의 군대는 분명 군심이 크게 어지러워질 것이고, 요나라 군사는 그 틈을 타서 남으로 쳐내려올 것이니 폐하께서 남경에 도착하지도 못하고 요군의 포로가 될까 두렵습니다."

　재상 필사안畢士安과 대장 고경高瓊도 송 진종의 남천南遷을 반대하였다. 송 진종은 주관이 없는 사람이라 이렇게 많은 대신들이 반대하는 것을 보자 마지못해서 친히 출정하기로 결정하였지만 이리저리 미루면서 오래도록 출발하려 하지 않았다.

　구준은 한 가지 방법을 생각해냈다. 전방에서 연이어 보내오는 전황 보고를 모두 빼놓고 송 진종에게 보이지 않고 있다가, 급보가 많이 쌓였을 때 한꺼번에 진종에게 보인 것이다. 송 진종은 날라 온 급보가 이리 많은 것을 보고는 급해져서 전신에 땀을 흘리다가 할 수 없이 구준에게 물었다. "경의 견해로는 어떻게 하는 것이 좋을것 같은가?"

구준은 송 진종에게 물었다. "폐하께서는 바로 해결하시고자 하십니까, 아니면 천천히 처리하시고자 하십니까?"

송 진종이 말했다. "당연히 서둘러 해결해야지."

그러자 구준은 말했다. "폐하께서 친히 병력을 이끌고 출정하시기만 하면 닷새 내에 요 나라 군사를 패퇴시킬 수 있으니, 이것이야말로 빨리 해결하는 것이 아니겠습니까?"

송 진종은 잠시 망설이더니, 왕흠약을 불러서 상의하려 하였다. 왕흠약은 바로 송 진종에게 남천하라고 주장하는 사람이었던 것이었다. 그러나 누가 알았으랴, 왕흠약은 이미 구준에 의해 지방으로 발령 받아 지방 관리를 하고 있어서 경성에는 없었다. 송 진종은 다른 수가 없어 할 수 없이 출발하기로 결정했다.

송군은 신속히 전주에 도착했고, 송 진종은 북성北城 성루에서 각 군의 장수들을 소집해서 접견했다. 송군의 장병들은 황제가 온 것을 보고 일순간 사기가 크게 오르고 투지도 고양되었다. 송과 요의 양군은 전주에서 10일간 크게 싸웠는데, 송군의 우세가 확연했다. 한번은 전투 중에 요군의 대장 소달름蕭捷凜이 송군의 칼에 죽어 요군의 사기는 한순간 천길 아래로 떨어져 내리니, 눈으로 보기에도 형세는 갈수록 요군에게 불리했다. 소달름이 죽은 것을 알고 소태후는 그의 시체를 안고 통곡해 마지않았다. 시기와 형세를 살펴 본 다음 소작은 한덕양 등과 심사숙고하여 송나라와 강화하기로 결정하였다. 그리하여 그녀는 비밀리에 사람을 보내 강화를 청하였다.

송 진종은 천성적으로 담이 작고 전투하기를 좋아하지 아니하여 이번에도 구준이 조르고 달래는 바람에 친히 출병은 했으나 마음속으로는 전혀 그리고 싶지 않았다. 그러던 차에 지금 요나라에서 강화를 논하고자 한다는 말을 듣게 되니, 그야말로 그가 바라 마지않던 일이라 바로 조리용曺利用을 보내 강화를 협의하게 했다.

보내기 전에 송 진종과 구준은 조리용에게 각자 한마디씩 했다.

조리용이 물었다. "이번에 강화를 논의함에 있어서 요나라가 무리한 요구를 하면 어찌할까요?"

송 진종은 바로 말했다. "땅만 떼 주지 않는다면 돈이야 좀 많이 줘도 괜찮아."

조리용이 물었다. "그럼 얼마나 주지요?"

송 진종은 생각하더니 말했다. "최대한 100만까지로 하고, 더 이상은 안 돼."

조리용은 이리하여 물러났는데, 이때 구준이 가만히 그를 불러서 말했다. "폐하께서는 100만도 좋다고 하셨지만, 네가 만약에 이번에 담판하면서 30만을 넘긴다면 내가 너의 목을 달라고 할 것이다."

조리용은 달리 방법이 없었으니 담판을 함에 있어서 혼신의 힘을 다하여 상대의 수를 읽고 대처하여 마침내 30만 이내의 숫자로 요나라와 강화하였으니, 바로 역사상 유명한 "전연의 동맹澶淵之盟"이다. 이때부터 송나라는 매년 요나라에 10만 냥의 은과 20만 필의 비단을 보내고, 송 진종은 소태후를 숙모叔母라고 높여 불러야 했다. 조리용이 돌아온 후 송 진종은 즉시 사람을 보내 그에게 얼마에 담판 지었는지 물었는데, 이에 조리용은 손가락 3개를 펴 보였다. 송 진종은 이를 본 후, 탄식하면서 말했다. "흐음, 300만이라, 너무 많다!"라고 하다가, 잠시 생각하더니, 스스로 위안하면서 말했다. "됐다. 300만이면 어떠냐. 전쟁을 끝내고 사람만 편안하면 되었다."

후에 조리용이 송 진종을 배알하여 아뢰자, 송 진종은 비로소 300만이 아니라 30만인 것을 알고 크게 기뻐하면서 조리용에게 많은 상을 내렸다.

이후 120여 년간 요와 송 양국 간에 큰 전쟁이 발생하지 않았으니, 이는 쌍방에게 모두 매우 이로운 일이었다.

요나라는 정치가 잘 이루어지고 사람들이 화목하여 소태후는 백관들로부터 더욱 존경을 받았다. 그녀는 상벌賞罰이 분명하고, 조치가 적합하고, 비교적 민주적이며, 충고를 잘 받아들이며, 행동거지가 뛰어나서 군신들이 그녀에게 절하고 읍하지 않을 때도 있었지만, 한결같이 그녀를 위해 목숨을 바치고자 했다. 변경 지방의 경제도 크게 발전하여 한족과의 융합도 크게 좋아졌다. 그리하여 소작은 내몽고 영성현寧城縣에 장안長安과 변경汴京의 양식에 따라 도성을 건축하여, 중경中京이라 칭하였다.

소씨 세 자매 : 蕭氏三姐妹

소작은 비록 겉보기에는 철완의 인물로 공적이 혁혁하고, 애정도 원만하였으나, 자기 집안일은 그녀의 머리를 지끈지끈하게 했다.

소작의 부친 소사온은 재주가 평범한 사람이었다. 그는 처음에 남경南京에서 유수留守를 했으나, 일개 무관으로서 자신의 실력으로 전투에 나가 이긴 일이 없었다. 후에 황제에 의해 경성으로 소환되어 시중侍中으로서 국사에 참여하였으나, 관리 수준이 사람들이 칭송할 정도가 되지 못하였고, 사대부들도 그저 유학자인양 행세만 하는 그에게 호감이라고는 갖지를 못했다.

후에 소사온은 경종과 교제하며 그의 믿음에 보답하여 그를 도와 황위에 오르게 하여, 비로소 벼락출세하기 시작했다. 그의 막내딸이 황후가 되었을 뿐 아니라, 맏딸과 둘째 딸도 황제의 형제들에게 각각 시집을 가서 그의 세력은 점점 커져 갔다. 이는 한편으로 여러 사람들의 질시를 불러 일으켰다. 어떤 사람들은 소사온이 매우 평범한 사람인데 그 세력이 이 정도로까지 커지자 특히 더 싫어했다.

한번은 소사온이 경종을 모시고 사냥을 하던 중, 다른 사람에 의해서 칼에 찔렸는데 그대로 절명하고 말았다.

소사온이 평범하여 그 재주가 보잘 것 없었는데 비하여 그의 세 딸은 하나같이 대단한 인물이어서, 미모가 뛰어났을 뿐 아니라 모두가 정치적인 재간과 군사적인 재능을 타고 났다. 맏딸 소호련素胡輦은 제왕 엄살갈罨撒葛에게 시집갔는데 그녀는 처음에는 소작과 사이가 매우 좋았으며 전투에 능하여 사랑도 미움도 능히 할 수 있었다. 서기 994년, 서북변경에 외족이 침입해 오는 형세에 이르러, 그녀는 군을 인솔하여 서북에 주둔하면서 적을 퇴치했으니, 이 또한 일대에 이름을 날린 여자 영웅이라 할 만했다.

오래지 않아 제왕이 세상을 떠났다. 어느 날, 소호련은 노예 달람아발撻覽阿鉢을 만났는데 한눈에 반해서 그에게 시집가려 했다. 소작은 이 일을 전해 듣고, 크게 화를 내며 바로 언니를 불러서 물었다.

"언니, 어떻게 된 거야? 어떻게 일개 노예에게 마음을 준단 말이야?"

소호련이 말했다. "내가 잘못하고 있다는 거 알아. 그러나 제왕이 이미 죽었는데, 네가 설마하니 나에게 평생 수절과부하라는 것이야?"

소작은 탄식했다. "언니! 내가 언니 재가하는 것을 반대하는 게 아니야. 조정에 문무대신이 가득하고 종실에도 사람이 많으니 언니가 좋아한다고만 하면 그게 누구이든 내가 언니를 위해 엮어 볼 수 있어. 그러나 언니는 하필 일개 노예를 마음에 들어 한단 말이야 그럼 다른 사람들이 우리 소씨 집안을 어떻게 보겠어? 아버님도 구천지하에서 동의하시지 않을 거야."

소호련도 화가 났다. "노예도 사람이야. 달람아발은 인물이 빼어날 뿐 아니라 인간성도 좋고, 나에게도 아주 잘해. 네가 황후로서 묵인해 봐 누가 함부로 허튼 소리를 하겠어. 게다가 한덕양의 조상도 노예 출신이잖아!"

소작은 그녀가 달람아발과 한덕양을 비교하기까지 할 줄이야 생각도 못한 터라 치미는 화를 억제하지 못하고 말했다. "내가 할 말은 다 했어. 언니가 그래도 내 말 듣지 않는다면 나중에 나한테 자매 간의 정이 있니, 없니 그런 말은 할 생각도 말아."

소호련도 소작이 달람아발에 대해서 이렇게까지 나올 줄 생각도 못한 터라 눈물, 콧물 흘리면서 통곡하며 가지 않고, 소작에게 한바탕 했다. 소작이 어디 그런 꼴을 보고 있을 사람인가? 그녀는 그냥 소매를 털고 일어서 가 버렸다.

눈 깜짝할 사이에 1년이 지났다. 이 1년 사이에도 소호련은 매일 그 애인을 그리워했으나 달람아발을 만나지 말라는 소작의 엄명이 있어서 그녀는 그를 한번 보지도 못하고, 속으로 여동생 소작만 한이 맺히도록 원망했다. 그러나 원망하기만 해서 해결될 일도 아닌지라, 소호련은 부득이 언젠가는 소작이 자기 일을 잘 되도록 도와줄 것을 기대하며, 소작과 잘 지낼 수밖에 없었다. 결국 소호련이 견디지 못하고 소작을 찾아와 이 문제를 다시 거론하였다.

소호련은 직접 만든 단 음식을 많이 가져갔는데, 모두가 소작이 좋아하는 것들이었다. 소작은 한참 상주문을 읽고 비준하던 중 언니가 오는 것을 보고 일어나 맞이했다.

소호련이 말했다. "동생이 어릴 때부터 단 것을 좋아해서 내가 보잘 것 없는 솜씨로 직접 만들었으니, 피곤할 때 먹어 봐!"

소작은 사람을 시켜서 받으면서 말했다. "언니가 직접 할 게 뭐야? 그냥 주방 사람들을 시키면 되는데."

소호련이 말했다. "주방 애들은 너의 식미를 몰라. 나는 너와 이렇게 오랜 세월을 같이 지내서 설탕을 얼마나 넣어야 할지 잘 알지!"

소작이 감동해서 말했다. "언니가 매일 혼자 외로이 지내면서도 날 위해 이렇게 신경을 써주니 내 정말 어떻게 해야 할지 모르겠네."

소호련은 몇 방울 눈물을 흘리더니 말했다. "동생이 언제나 날 위해 마음 쓰고 있는 줄 내 잘 알아."

잠시 뜸을 들이더니, 소호련은 다시 말했다. "그 달람아발 말이야, 군에 보내져서 이미 일년이 되었어. 충분하게 징벌이 되었으니, 다시 불러들이면 안될까?"

소작은 소호련의 뜻을 잘 알고 생각해 보니 언니가 이 일 년 동안 갑갑하게 지내며 즐거움이 없는 것 같고, 자기로서도 어느 정도 너무 매정했던 것 같았다.

그래서 소작은 말했다. "좋아요. 나 또한 언니가 매일 혼자서 고생하는 것을 보기가 안쓰러우니 오늘 사람을 보내서 그를 데려오도록 하께."

한 달 후 소호련은 오래도록 그리워하던 정인情人을 맞이했고, 소작은 달람아발을 장군에 봉하고, 오래지 않아 두 사람을 위한 결혼식을 올려 줬다.

그러나 소작이 뒤늦게 소호련을 위해 해준 이 모든 것을 소호련은 정으로 받아들이지 않았다. 그녀가 생각하기에 동생은 황후며, 황태후를 지내면서 줄곧 자기보다 높은 자리에 있지만, 미모가 자기보다 크게 더 나은 것도 없었다. 그래서 그녀는 달람아발과의 혼인을 이룬 후 뜻밖에도 소작에 대해 크게 한번 손을 쓰려고 했다. 그녀는 사랑하는 사람의 몸에 난 상처를 어루만지며 소작에게 본때를 보여 주기로 결심한 것이다.

그리하여 소호련과 달람아발은 조정에서 많은 중신들을 자기들 편으로 끌어들이고, 황가와 종실에서도 많은 원군을 확보하여 일 년이 지나자 이미 그 세력이 매우 강대해졌다. 소호련은 시기가 되었다고 판단하여 서북변경의 골력예국骨厤禮國과 연합하여 병을 일으켜 모반하기로 했다.

소작은 재빨리 이 사실을 알고 그들이 거병하기 전에 두 사람을 잡아들여서 유주幽州와 회주懷州에 분리 감금해 두었다가 그 이듬해 모두 처형했으며, 그들 일당도 모두 산채로 매장하였다.

소호련 외에 소작의 둘째 언니도 소작에게 불만이 매우 많았다. 둘째 언니는 호승심이 매우 강한 여자로서 조왕趙王 희은喜隱에게 시집갔다. 후일 동생이 황제의 여인이 되고, 자신은 겨우 친왕의 왕비에 불과한 것을 보고는 심히 불만스럽게 생각하며 누차 조왕을 충동하여 반란을 도모했으나 모두 실패했다. 그리하여 조왕은 처형되고, 조 왕비로서 목숨을 보존했으나 그녀는 동생에 대한 한이 뼈에 사무쳐서 그녀를 독사毒死하고자 했는데, 수하의 노비가 이 사실을 밀고해 버렸다. 그래서 소작은 사람이 말한대로 되돌려 주어 그 사람을 다스린다고 그녀를 독살하였다.

소씨 세 자매는 당대의 여자 호걸들로서 그 부친에 비하면 가히 돌연변이라 할 만큼 재주와 미모를 겸비하였으며, 담량과 식견도 있었다. 그러나 강한 사람들은 일반적으로 다른 사람이 자기보다 더 강한 것을 용인하지 못하는 경향이 있는데, 소작의 두 언니가 바로 이러했다. 소씨 세 자매의 기량을 다한 싸움의 승자는 소작이었던 것이다.

원만한 후사 : 圓滿的后事

소작이 한덕양과 결혼한 후 요나라 성종 융서隆緒는 계부 한덕양을 특별히 존중했다. 그는 매일 두 동생을 한덕양의 거처로 보내서 문후 인사를 올리도록 하고 자신이 한덕양과 만날 때는 반드시 먼저 부자의 예를 올리고 한덕양을 상좌에 앉혔다.

소작은 애정생활도 좋았고 업적도 이루었으며, 아들 또한 효성스러웠던 것이다. 통화 27년(서기 1009년) 12월 소작은 성종이 이미 어른으로 자라났고, 능히 혼자 국정을 처리할 수 있다고 보아 성종이 친정하도록 정권을 돌려주었으며, 만년을 편안하게 지낼 준비를 했다. 그러나 뜻밖에도 소작은 얼마 되지 않아 병에 걸려서 12월 초에 행궁에서 세상을 버리고 말았으니, 이때 소작의 나이 겨우 57세였다.

통화 28년 4월, 소태후는 건릉乾陵에 안장되었다. 성종은 피를 토하며 통곡하더니, 한 달을 먹지도 못하였고, 모친을 위해 3년간 능을 지키며 효를 다했다.

소태후의 서거는 만년의 한덕양에게는 더욱 심한 타격이었다. 그는 이때부터 우울해 하며 기뻐하는 일이 없더니, 1년 후 중병에 걸려서 일어나지 못하였다. 황제 야율융서耶律隆緒와 황후 소보살가蕭菩薩哥

가 매일 자식과 며느리의 예를 갖추어 그를 위해 탕약을 올렸지만 회복될 기미가 없었다. 통화 29년(서기 1011년) 3월 초, 한덕양도 세상을 떠나니 향년 71세였다.

성종 야율융서는 계부를 위해 성대한 장례를 치르면서 모든 격식을 모친에게 대한 것과 꼭 같이 했다. 황제가 친히 한덕양의 영구를 백보 밖까지 끌어가고, 그런 후 그를 모친의 옆에 안장했다.

중국 역사상 비빈은 수도 없이 많지만 소작처럼 이렇게 공업을 남기고 동시에 사랑도 성취한 비는 단 한 사람 그녀뿐이었다. 이렇게 이루기 어려운 것을 모두 이루었으니, 귀하다 할 만하지 않은가?

진원원

이 여인은 중국 4대 미인에 포함되지는 않으나 미모에 있어서는 그들보다 결코 뒤지지 않았던 것 같다. 그녀는 일개 기생에 불과했지만, 지용을 겸비한 대병력을 거느린 대장이 그녀 때문에 분기탱천하여 진격하는 바람에 청군을 관내(關內: 산해관(山海關) 서쪽 또는 가욕관(嘉峪關) 동쪽 일대의 지방을 말한다.)로 끌어들이는 결과를 초래하기까지 했다. 여자의 운명은 왕왕 그 미모와 정비례하지 않으니, "옛부터 미인과 명장은 백발이 되도록 온전하게 남아 있지 못한다(自古美人如名將, 不許人間見白頭)."고 하지 않았던가? 미인들이 대부분 화려하게 사는 듯 보이지만 그 일생은 오히려 물에 뜬 부평초며, 떨어지는 꽃과 같아서 자신의 삶을 뜻대로 하지 못함이 대부분이었다.

- 진원원(1623~1695)

진원원
陳圓圓

진씨 집 외떨어진 딸 : 陳家有女在水一方

  진원원은 명明 말, 강남에서 태어났는데 어릴 때 부모가 모두 죽고 이모 손에 자랐다.* 이모부는 북을 흔들며 촌락을 찾아다니면서 일용잡화를 파는 황아장수로 가산이라고는 쓰러져 가는 초가집과 갈아입을 수도 없이 다 헤진 낡은 옷이 전부였다. 진원원이 7세 되던 해, 이모 내외는 아이를 먹여 살릴 방법이 없어 다른 가난한 사람들처럼 그녀를 은자 몇 냥에 팔았다. 그녀가 약간의 재색이 있었던지라, 어

---

* 진원원은 상주(尙州) 무진(武進) 사람으로 본성은 형(邢)이며, 이름은 원(沅)이다. 소주의 명기였으며, 만년에 수도승이 되어 이름을 적정(寂靜), 자를 옥암(玉庵)이라 하였으며, 속세에서는 자를 원원(圓圓), 또는 원분(畹芬)으로 불렀다.

떤 기생집 기생어미 눈에 들었다. 기생어미는 은자 몇 냥을 더 들여서 그녀를 사서 수년 후 돈나무搖錢樹*가 되도록 교육시키며 준비를 했다. 이때부터 진원원은 풍진 세상에 띄워져서 가는 손님 배웅하고, 오는 손님 맞이하는 기생의 생애를 보내게 된다.

기생어미는 임이낭林二娘이라 하였는데 안목이 있는 사람이었다. 그녀는 선생을 초빙하여 진원원에게 글을 가르치고, 책을 읽게 하며, 희곡이며 노래도 배우게 했다. 진원원은 후일 좋은 가사를 지을 줄도 알아서, 〈원분집畹芬集**〉, 〈무여사無余詞〉 등 시와 노래를 남겼는데, 대부분이 애절하고 원망스러운 감정이 담긴 것으로 이는 그녀 자신의 신세와 뗄 수 없는 연관이 있음을 짐작하게 한다.

임이낭은 또 민간의 늙은 예인藝人을 불러서, 그녀에게 노래와 희곡을 가르쳤다. 진원원은 천성적으로 좋은 목소리를 타고 났으며, 노래를 가르치는 선생도 그녀를 심히 동정하여 정성껏 지도했다.

진원원은 자신의 처지를 잘 알고 있었고 명나라 말기 강남의 기원妓院에 오는 손님들이 모두 희곡을 좋아한다는 것도 알았다. 그리고 기생이 노래와 희곡을 못한다면 명기名技가 될 수도 없으므로 그녀는 진지하게 노래와 희곡을 배웠다. 게다가 그녀는 명사들과 널리 교제하는 기회를 노려 자신의 형편을 바꿔 보고자 간절히 원했다.

18세에 진원원은 소주에서 무대에 올랐으며, 스스로 칭하기를 '옥

---

* 신화 속에 나오는 흔들면 돈이 떨어진다는 나무를 말한다.
** 畹은 30무에 해당하는 넓이의 단위이며, 畹芬은 널리 퍼지는 꽃향기라는 뜻으로 원원(圓圓)과 함께 그녀의 또 다른 자(字)이다.

봉여우 진원원玉峰女優 陳圓圓'이라고 하였다. 그녀는 말괄량이 역을 했는데, "자태가 가볍고, 충만하며, 말하는 것이 애교스러웠다體態輕盈, 說白嬌巧." 아리따운 자색과 미끄러질 듯한 몸매에다 아름다운 목소리까지 갖추었으니 그녀는 한순간에 많은 사람들이 찾는 가기歌妓가 되어서 천지에 명성을 떨치면서 진회秦淮지방에서 가장 유명한 기생이 되었다.

이때부터 진원원이 있는 기원은 문전성시가 되어 늘 여러 명의 남자가 그녀를 차지하려고 크게 다투었고, 몸을 나눌 재주가 있을 리 없던 진원원은 속을 썩이고 뜻을 굽히며 스스로 잘난 남자들 사이를 맴돌았다.

진원원은 또 남경의 몇몇 악당들에 의해 늘 고초를 겪었는데, 그들은 돈도 없이 와서는 폭력으로 그녀를 기원 밖으로 강제로 끌어내곤 하였다. 그 후 진원원은 숱한 곡절 끝에 그들의 마수를 벗어났다.

한번은 진원원이 몇몇 자매들과 기생어미와 함께 절 행사에 갔는데, 갑자기 한 악당과 마주쳤다. 진원원은 발버둥치고 버티면서 통곡했는데 다행히도 모벽강冒辟疆이라는 공자가 도와주어 겨우 벗어날 수 있었다.

모벽강은 양주 사람으로 그의 이름은 모양冒襄이며, 벽강은 그의 자이다. 부친은 여고如皐의 재산가로 모기충冒起忠이라 하며, 호남형湖南衡과 영병비사永兵備使에 임명되었으니 대대로 관료집안이라 할 만했다. 명청시대 여고성如皐城의 모씨 집안은 인재가 많이 배출된, 그 지방의 명문거족이었으며 대대로 상당한 교양을 갖춘 집안이었다.

모벽강은 어렸을 때 특별히 총명하여 신동이라 불렸다. 그는 장손이기도 해서 조부로부터 끔찍한 사랑을 받았다. 2세 때 그는 조부를 따라 강서江西지방 회창會昌으로 갔으며, 후에 조부가 사천四川으로 전보되자 다시 그를 따라 사천에 갔었다. 13세 때 조부가 벼슬을 사직하고 고향으로 돌아가자, 벽강도 그를 따라 여고로 돌아와 향려원香儷園에서 독서하며 공부했다. 모벽강은 시를 읽고, 쓰는 것을 좋아했으며, 그중에서도 왕발王勃과 양신楊愼의 작품을 좋아했다. 그는 자신이 14세 이전에 지은 시들을 모아서 〈향려원우존香儷園偶存〉이라는 문집을 내고, 동기창董其昌을 초빙하여 가르침을 청했다. 동기창은 당시 유명한 대가인데, 이 80세의 대석학이 모벽강의 시를 보더니 매우 높이 평가하여 모벽강의 시재詩才는 당唐대의 천재 소년 왕발보다 결코 못하지 않다고 인정했다.

18세가 되었을 때 모벽강은 복사復社라는 모임을 만들었는데, 그는 그 모임의 지도자 중 한 사람으로 동성 방이지桐城 方以智, 선흥 진정혜宣興 陳貞慧, 상구 후방역商丘 侯方域와 함께 '복사4공자復社四公子'로 불렸다. 평소 이들은 마주하여 시를 읊고, 국사를 논하였다. 모벽강의 아호는 '동해수영東海秀影'으로 4공자 중에서도 위망이 특별했다.

복사는 남경성에서 세력이 매우 커서 수많은 고관대작들이 그 구성원이었으며, 조정 내에서도 상당한 후원 세력이 있었다.

이들 공자들은 하나같이 다섯 수레 이상의 책을 읽었으며, 풍류남아로서 여러 집안의 아가씨들과 교제했다. 당시 모벽강은 진회지방의 명기 동소완董小宛을 좋아하고 있었다.

봉여우 진원원玉峰女優 陳圓圓'이라고 하였다. 그녀는 말괄량이 역을 했는데, "자태가 가볍고, 충만하며, 말하는 것이 애교스러웠다體態輕盈, 說白嬌巧." 아리따운 자색과 미끄러질 듯한 몸매에다 아름다운 목소리까지 갖추었으니 그녀는 한순간에 많은 사람들이 찾는 가기歌妓가 되어서 천지에 명성을 떨치면서 진회秦淮지방에서 가장 유명한 기생이 되었다.

이때부터 진원원이 있는 기원은 문전성시가 되어 늘 여러 명의 남자가 그녀를 차지하려고 크게 다투었고, 몸을 나눌 재주가 있을 리 없던 진원원은 속을 썩이고 뜻을 굽히며 스스로 잘난 남자들 사이를 맴돌았다.

진원원은 또 남경의 몇몇 악당들에 의해 늘 고초를 겪었는데, 그들은 돈도 없이 와서는 폭력으로 그녀를 기원 밖으로 강제로 끌어내곤 하였다. 그 후 진원원은 숱한 곡절 끝에 그들의 마수를 벗어났다.

한번은 진원원이 몇몇 자매들과 기생어미와 함께 절 행사에 갔는데, 갑자기 한 악당과 마주쳤다. 진원원은 발버둥치고 버티면서 통곡했는데 다행히도 모벽강冒辟疆이라는 공자가 도와주어 겨우 벗어날 수 있었다.

모벽강은 양주 사람으로 그의 이름은 모양冒襄이며, 벽강은 그의 자이다. 부친은 여고如皐의 재산가로 모기충冒起忠이라 하며, 호남형湖南衡과 영병비사永兵備使에 임명되었으니 대대로 관료집안이라 할 만했다. 명청시대 여고성如皐城의 모씨 집안은 인재가 많이 배출된, 그 지방의 명문거족이었으며 대대로 상당한 교양을 갖춘 집안이었다.

모벽강은 어렸을 때 특별히 총명하여 신동이라 불렸다. 그는 장손이기도 해서 조부로부터 끔찍한 사랑을 받았다. 2세 때 그는 조부를 따라 강서江西지방 회창會昌으로 갔으며, 후에 조부가 사천四川으로 전보되자 다시 그를 따라 사천에 갔었다. 13세 때 조부가 벼슬을 사직하고 고향으로 돌아가자, 벽강도 그를 따라 여고로 돌아와 향려원香儷園에서 독서하며 공부했다. 모벽강은 시를 읽고, 쓰는 것을 좋아했으며, 그중에서도 왕발王勃과 양신楊愼의 작품을 좋아했다. 그는 자신이 14세 이전에 지은 시들을 모아서 〈향려원우존香儷園偶存〉이라는 문집을 내고, 동기창董其昌을 초빙하여 가르침을 청했다. 동기창은 당시 유명한 대가인데, 이 80세의 대석학이 모벽강의 시를 보더니 매우 높이 평가하여 모벽강의 시재詩才는 당唐대의 천재 소년 왕발보다 결코 못하지 않다고 인정했다.

18세가 되었을 때 모벽강은 복사復社라는 모임을 만들었는데, 그는 그 모임의 지도자 중 한 사람으로 동성 방이지桐城 方以智, 선흥 진정혜宣興 陳貞慧, 상구 후방역商丘 侯方域와 함께 '복사4공자復社四公子'로 불렸다. 평소 이들은 마주하여 시를 읊고, 국사를 논하였다. 모벽강의 아호는 '동해수영東海秀影'으로 4공자 중에서도 위망이 특별했다.

복사는 남경성에서 세력이 매우 커서 수많은 고관대작들이 그 구성원이었으며, 조정 내에서도 상당한 후원 세력이 있었다.

이들 공자들은 하나같이 다섯 수레 이상의 책을 읽었으며, 풍류남아로서 여러 집안의 아가씨들과 교제했다. 당시 모벽강은 진회지방의 명기 동소완董小宛을 좋아하고 있었다.

모벽강이 처음 진회지방 미인들 중에서도 어리면서 재색겸비한 동소완이라는 아가씨가 있다고 들은 것은 '복사4공자'의 한 사람인 방이지로부터였다. 오응기吳應箕와 후방역도 벽강에게 입에 침이 마르도록 소완에 대해서 이야기했다. 그리하여 모벽강은 여러 가지 통로를 거쳐 동소완에게 접근했다. 기원 주인의 도움 아래 모벽강은 술에 취한 동소완과 단독으로 만날 기회를 가졌다. 모벽강이 보아하니, 동소완은 타고난 기품이 있으면서도 요염하였으나, 다만 취기가 가시자 않아 정신을 제대로 차리지 못한 듯하여 자기도 모르게 무한한 연민의 정을 느꼈다. 소완 또한 명사들과 교류하면서 복사 중에서도 모벽강이라는 사람이 의표당당하고, 형식에 구애되지 않는 수재라고 늘 들어 왔었다. 이때부터 모벽강은 늘 동소완을 찾아갔으며, 이후 그들 사이의 일을 여러 사람이 알게 되었다.

그러던 중에 모벽강은 남경에 놀러 왔다가 뜻밖에도 남경의 명기 진원원을 만나게 된 것이다. 진원원은 이 재주 있고 인물 좋은 공자의 도움에 크게 감격했다. 모벽강도 이 강남의 명기를 한번 보고 반해 버려서 두 사람은 돌아가서도 서로를 잊지 못하고 그리워했다. 진원원은 남몰래 기생어미 임이낭에게 모벽강의 집안에 대해 물어 봤으며, 모벽강도 이 절세미인을 암암리에 관찰했다. 결국 어느 날, 모벽강은 참지 못하고 진원원을 찾아 왔다.

그가 들어오자 임이낭은 바로 알아 봤다. 그녀는 돈 덩어리를 본 듯 만면에 웃음을 띠고 그에게 인사하며 차를 권했다.

모벽강은 웃으면서 물었다. "원원 낭자 있습니까?"

"있습니다. 원원아!" 임이낭은 바삐 진원원을 불렀다. 진원원은 막 규방에서 머리를 손본 뒤였는데 부르는 소리를 듣고 가슴을 콩닥거리면서 웃음 띤 얼굴로 그를 맞이했다. "모 공자님, 복 많이 받으세요."

모벽강은 한 보따리 선물을 임이낭에게 건네며 말했다. "보잘 것 없습니다만, 성의로 받아 주십시오."

임이낭은 눈웃음 치며 선물을 받았다. "공자님, 이렇게 돈을 쓰시다니요. 제가 빨리 술상을 준비하겠습니다. 원원아, 공자님 잘 모셔라."

진원원은 모벽강을 자신의 규방으로 데리고 갔다. 두 사람은 시를 논하고 그림을 말하며 의기투합했다. 모벽강은 진원원에게 곤산희곡昆山戱 한 곡조 불러달라고 했고, 진원원이 빼지 않고 〈모란정牡丹亭〉 한수를 부르자, 모벽강은 부채로 손바닥을 두드리며, 눈을 감고 지그시 음미하니, 술에 취한 듯 바보가 된 듯 했다.

자기가 남 몰래 연모하던 공자가 이렇게 자신의 재주를 높이 평가해 주는 것을 보자 진원원은 매우 즐거웠다. 그러다 그녀는 불현듯 눈동자를 굴리면서 생각했다. '이 공자의 솜씨를 봐야지.'

그래서 그녀는 모벽강에게 말했다. "공자님 칭찬해 주셔서 고마워요. 일찍이 공자께서 음률에 통달했다는 말을 들었습니다. 소녀는 그저 조금 아는 정도인데, 오늘 이 기회에 공자께서 지적하고 가르쳐 주셨으면 합니다."

모벽강은 하하 웃으면서 말했다. "과찬이십니다. 오늘 악기도 가져

오지 않았는데 어떻게 연주까지 하겠습니까?"

진원원은 즉각 일어나더니 궤에서 아주 세심하게 보관된 비단 보에서 옥피리 한 개를 꺼내면서 말했다. "이것은 저의 부친이 저에게 남겨 주신 것인데, 공자님 보시기에 쓸 만한지요?"

모벽강이 손에 들고 자세히 보니 매우 좋은 피리였다. 그리하여 기뻐하며 그걸로 '비운곡飛雲曲' 한 수를 연주했다. 모벽강이 연주에 몰입하니, 더러는 구름이 날고 안개가 피는 듯도 하고, 더러는 연이어진 산봉우리가 둥둥 떠도는 듯도 하고, 때로는 신비롭고 조용하다가, 다시 놀라 심장이 떨리고, 혼백이 달아날 듯 하였다. 이런 수준은 일반적으로 모양만 잘 갖춘 실력으로 다다를 수 있는 수준이 절대로 아니었다. 진원원도 스스로 예술적인 재능이 일반적인 사람들보다는 월등하다고 자부하고 있었는데, 지금 자신도 모르게 이 젊은 공자에 대해서는 마음으로부터 복종하며 존경하게 되었다.

피리 소리가 잦아들어 곡이 끝났으나, 진원원은 미묘한 음악에 취하여 한참이나 지나서야 정신이 들었다. 그녀는 자신이 정신없이 있었던 것을 깨닫고, 저도 모르게 얼굴을 붉히며 말했다. "공자님은 과연 피리의 고수이십니다. 공자님의 피리 연주를 들으니, 무엇이 신선의 음악인지 비로소 알겠습니다. 공자님께서 싫어하시지 않으신다면, 이 피리를 공자님께 드리겠습니다."

모벽강은 피리를 잡고는 손에서 놓고 싶지 않았던 것이 사실이나 진원원이 이렇게 감격하여 이를 자기에게 주려고 할 줄은 생각하지도 못했었다. "안돼요, 안돼. 이것은 아가씨의 집안에 전해 내려오는 보물인데, 내 어찌 받을 수 있겠어요?"

진원원은 가만히 말했다. "연지분홍은 미인에게 주어지며, 보검은 장사에게 주어져야지요. 이 피리도 공자님이 가져 주실 수만 있다면 피리의 행운입니다. 소녀는 피리를 불 줄 모르니 이걸 갖고 있은들 소용이 없으며, 그래도 이를 가장 잘 쓸 수 있는 분에게 드리는 것이 좋겠습니다. 공자께서 가지시고, 소녀의 한 조각 성의를 저버리지 말아 주십시오."

모벽강은 깊은 정이 담긴 눈으로 진원원을 바라보았다. 그녀가 이렇게 말하는 것은 이미 매우 직설적인 것인데, 젊은 여자로서 이것이 얼마나 어려운 일인가? 만약 진심으로 좋아하지 않는다면 이렇게 대담한 말이 나올 수도 없는 것이며, 게다가 이렇게 조리 있게 근거를 대며 자신이 사양하는 말을 뿌리치고 있지 않은가? 그래서 모벽강은 말했다. "그럼 내 이 옥피리를 가지리다. 이후 이 피리 보기를 그대를 보는 듯이 하지요."

진원원은 얼굴이 붉어져 고개를 숙이고 그를 바라보지 못했다. 그녀는 내심 이미 자신의 모든 것을 정이 있고 의기로운 이 남자에게 주기로 결정하였다.

이때부터 모벽강은 춘향각春香閣의 단골常客이 되어, 아예 은자 한 보따리를 임이낭에게 맡겨 두고 수시로 와서 묵었으니 사실상 진원원을 전용으로 예약한 것과 같았다. 두 사람은 함께 바둑 두고, 시를 읊고, 비파를 뜯고 노래하더니, 정이 갈수록 깊어져 모벽강은 아예 진원원을 사들여서 그녀와 결혼하기로 결정했다.

진원원도 그와의 아름다운 미래를 고대하고 있었다. 그녀는 어릴 때 부모가 모두 돌아가시고, 이모 부부가 그녀를 기원에 팔아서 그곳에서 자랐으나 지금에 이르러 드디어 제대로 된 재목이 되어 돌아갈 좋은 집이 생길 터였던 것이다. 그러나 누가 생각이나 했으랴? 이는 그녀가 고대하던 아름다운 미래가 아닌 그녀의 기구한 운명의 출발에 불과하였던 것이며, 모벽강이 그녀의 마지막 남자가 아니었던 것을!

혼변 : 婚變

이날도 모벽강은 진원원의 방에서 그녀와 즐거이 지내고 있는데, 갑자기 임이낭이 황망히 창문을 두드렸다. "모공자, 집에서 사람이 왔어요. 급한 일이 있어 공자를 찾아 왔대요."

모벽강은 급히 몸을 일으켰으며, 진원원은 내심 놀라면서 뭔가 큰일이 생겼으리라는 예감이 들었다. 호사다마라더니, 그저 모공자와 혼사에 영향이 없기만을 바랄 수밖에.

객실에 앉아 있는 것은 모벽강의 집안 집사였는데, 얼굴에 초조한 기색이 완연했다. 그는 모벽강을 보더니 후다닥 일어났다. "공자, 큰일 났습니다."

모벽강은 눈짓으로 그를 앉게 하고 말했다. "육陸집사, 너무 조급해 하지 마시고, 무슨 일인지 천천히 말해 봐요."

육집사는 물 한 모금 마시더니 말했다. "어른께서 양양襄陽으로 발령 나서 총병관總兵官. 좌량옥左良玉의 감군監軍으로 가게 되었습니다. 어떡하지요? 마님께서는 공자님을 찾아서 방법을 생각해 보라고 하십니다."

모벽강은 "아" 하며 일어서더니, 천천히 객실을 왔다 갔다 하다가 잠시 후 다시 앉았다. "내 보아하니, 내가 경성 병부兵部로 가서 글을 올려 사람들로 하여금 황상에게 말씀 드려서 이 명을 취소하게 하여야겠다."

좌량옥은 흉악잔폭하며, 교만하고 제멋대로인 장군으로 나는 내 식으로 한다면서我行我素 조정의 말도 듣지 않는 사람이었다. 지난해 양양襄陽이 장헌충張獻忠에 포위되어 위기가 아침저녁인 상황에서, 독수督帥 양사창楊嗣昌이 연이어 명령을 내려서 좌량옥에게 군을 이끌고 구원하라고 하였으나, 좌량옥은 그 명령장을 찢어 버리고 신경 쓰지 않았다. 양사창은 절망적인 상황에서 견디지 못하고 스스로 목숨을 끊었다.

좌량옥의 수하는 모두 자신의 수족 같은 병사들로 조정이 그자 때문에 골치 아파하고 있으나, 만약 그를 급하게 몰아세우기라도 하면 그가 바로 반란을 일으킬 가능성도 충분히 있기에 어찌할 방법이 없었다.

모벽강의 부친은 비록 무장으로 관직에 있지만 사실은 일개 서생이니, 어찌 이런 야만적이고 흉폭한 장군을 감독할 수 있겠는가? 좌량옥左良玉을 화나게 했다가는 살해될 수 있고, 조정의 지시를 어겨도 죽음에 처해질 수 있는 일이었다. 이번의 인사명령은 누군가가 부친을 모해한 결과임이 분명하였다.

모벽강은 잠깐 생각하더니, 집사에게 말했다. "이 일은 지체할 수 없으니, 내 바로 움직이지. 그대는 서둘러 집으로 돌아가 모친을 보살피게." 말을 마치고, 그는 진원원의 방으로 돌아갔다.

진원원은 초조하게 기다리다가, 모벽강을 보자 서둘러 맞이하며 물었다. "무슨 일이에요?"

"골치 아픈 일이 생겼어. 나 오늘 바로 북경으로 가 봐야 해······."

진원원은 화들짝 놀라서 손에 들고 있던 찻잔을 떨어뜨려 두 조각 내고 말았다. "상공, 대체 무슨 일이에요?"

모벽강은 한숨 쉬면서 일의 전말을 그녀에게 말했다. 모벽강의 말을 들은 진원원은 마음이 무겁게 가라앉았다. 그녀는 눈물을 닦으면서 말했다. "공자님, 아버님을 구하는 것이 급해요, 저는 기다릴 수 있어요. 다만 상공이 하루 빨리 어른을 구하시고······."

모벽강은 진원원의 머릿결을 쓰다듬으며 감정을 누르지 못하고 말했다. "원원, 당신은 일의 흐름을 알고 대세를 살피는 여자요, 나 모벽강은 조상의 은덕으로 당신처럼 이렇게 나를 알아주는 미인을 만났어. 내 이미 당신의 몸값을 지불했으니, 당신은 남경에서 적당한 곳을 찾아 있으면서 내가 돌아올 때까지 기다려 줘요. 내 돌아오는 대로 당신과 혼인하리다."

진원원은 눈물을 머금고 고개를 끄덕였다.

모벽강은 그녀의 어깨를 두드리며 일어서서 두 채의 가마를 불러서 타고 부두에 이르러 북으로 갔다.

숭정崇禎 말년 이자성李自成의 농민 봉기군은 그 위세가 온 나라를 흔들어 숭정 황제가 밤낮으로 불안에 떨었다. 황제의 애비愛妃 전田씨의 오빠 전홍우田弘遇는 절세미인을 골라 황제의 우울한 마음을 해소시켜 줄 생각으로 강남으로 가 미인을 탐색하고 있었다.

전홍우가 제일 먼저 간 곳이 바로 남경으로, 그는 남경에 도착한 후 사람을 사방으로 보내서 민간의 여자들 가운데 미인이 있는지를 탐문하게 하고, 동시에 사람을 보내 청루靑樓에서 유명한 여자들도 알아보게 했다. 전홍우는 바로 진회지방에 진원원이라는 달을 가리고, 꽃도 부끄러워 할 유명한 가기歌妓가 있다는 사실을 알고 춘향각으로 사람을 보내 진원원을 찾았다. 그런데 임이랑은 그들에게 진원원은 이미 모벽강이 몸값을 지불해서 민간의 여자가 되어 춘향각을 떠났다고 말하는 것이었다. 전홍우가 어디 쉽게 포기할 사람인가? 그는 남경성 곳곳으로 사람을 보내서 수색하면서 진회지방에서 그 이름 유명한 진원원이 어떤 모습인지 반드시 보고자 했다.

전홍우가 와서 진원원에 대해 알아보자 임이랑은 바로 사람을 진원원의 거처로 보내서 그녀에게 서둘러 숨도록 권했다.

그런데 사실은 진원원도 모벽강을 떠나보낸 후 바로 남경의 편벽한 작은 거리에서 집을 구해 거처하고 있었다. 그녀는 이웃 사람들과도 왕래하지 않으면서 집안에만 있었으며, 모벽강이 떠날 때 자신이 원래 데리고 있던 사환 한 명을 그녀의 신변에 남겨 두어 그녀를 돌보면서 쌀이며 땔감을 나르고, 반찬 사오는 일까지 대신하게 하여 그녀가 밖에 얼굴을 내밀 필요가 없도록 해 두었다.

진원원이 하루는 정원에서 멍하니 있는데 갑자기 누군가 문을 두드려서 사환이 문을 열어 보니 춘향각에서 허드렛일을 하는 별명이 '연각귀軟殼龜'*라는 일꾼이었다. 그는 들어오더니, 진원원이 무사한 것을 보고 한숨 내리쉬며 말했다. "진 아가씨, 별일 없군요. 정말 다행이에요!"

진원원은 이상하게 생각했다. "어찌……."

"경성과 금릉부金陵府에서 사람을 보내서 아가씨를 찾고 있는데 좋은 일이 아닌 것 같아요! 임이랑께서 아가씨더러 서둘러 피신하라고 하셨어요."

"경성과 금릉부에서?" 진원원은 혼자 중얼거렸다. "하지만 내가 무슨 법을 어긴 것 같지는 않은데?"

"누가 아니래." 연각귀가 말했다. "아가씨는 일개 여자로서 문 밖 출입도 하지 않는데 아마도 다른 이유가 있을 거야." 잠시 뜸을 들이더니 다시 말했다. "내가 듣기로, 경성에서 온 사람이 남경성의 명기 변옥경卞玉京과 다른 여자들에 대해서도 물었다는데, 설마하니……."

"설마하니 뭐?"

"내 그냥 추측이지만, 혹시 조정에서 또 여자를 뽑아서 궁으로 데려가려는 게 아닐까?"

"아!" 진원원은 화들짝 놀라면서 생각했다. "만에 하나 잡히기라도 하면 모공자와는 그냥……." 그녀는 더 이상 감히 생각도 못하고 말

---

* 외피가 무른 거북이라는 뜻이다.

했다. "그럼 내 서둘러 피신하지." 말을 마치자 그녀는 방으로 들어가 자신의 봇짐을 챙기고는 사환을 불러서 부두로 가서 배를 타고 남경을 떠날 준비를 했다.

한편 전홍우는 춘향각에서 진원원을 찾지 못하자 암암리에 수많은 밀정을 풀어서 진원원의 행방을 탐문하게 했다. 진원원이 사환을 시켜서 가마를 한 채 불러서 부두로 갔는데, 이 가마꾼 중에 한명이 이전에 춘향각의 가마를 들던 사람으로 진원원을 알고 있었다. 공교롭게도 이 가마꾼이 전홍우의 밀정과도 아는 사이였으며 그가 진원원의 행방을 쫓고 있다는 것도 알고 있었다. 그런 그가 지금 진원원을 보게 되었으니, 얼씨구나 하고 돌아가자마자 서둘러 전홍우에게 이 사실을 보고했다. 전홍우는 즉시 관아에 명령하여 수군에 통지하여 무장쾌속선을 보내서 진원원을 태우고 가는 배를 추격하여 그녀를 압송해 오도록 했다.

당시 진원원은 배 뒤 끝에 사환과 함께 앉아 있었다. 그녀는 허름한 베옷을 입고 아주 수수하게 꾸몄지만 타고난 미색은 감출 수 없었다. 갑자기 앞에 3척의 수군 쾌속선이 나타나 일-자 횡대로 대열을 갖추면서 작은 배의 앞길을 막아섰는데, 군선마다 수십 명의 수군이 타고 있었다.

젊은 장교 한명이 쾌속선에서 고함쳤다. "정지! 정지! 정선하지 않으면 포격, 격추하여 네놈들을 고기밥으로 만들 것이다."

뱃사공은 멍해져서 서둘러 배를 정지시켰다. 젊은 장교가 작은 배로 뛰어들어 사람들 무리를 쓱 훑어보더니, 구석에서 고개를 숙이고 있는 진원원에게로 시선을 고정시켰다가, 고개를 돌려서 가마꾼에게 물었다. "그 여자 아닌가?"

가마꾼이 고개를 끄덕였다.

젊은 장교는 즉시 말했다. "그 여자를 군선으로 압송하라!"

진원원은 놀라고 겁이 나서 어쩔 줄 모르며 외쳤다. "왜 나를 잡는 거예요? 나는 어떤 법도 어긴 일이 없단 말이에요!"

"너를 잡아서 감옥에 보내는 것이 아니고, 행복으로 인도하려는 것이다."

진원원은 이 한마디로 실상이 연각귀가 말한 것과 같이 된 것을 알고 참을 수 없는 오열을 터뜨렸다. 젊은 장교는 통곡하는 진원원을 잡아서 배에 태우고는 의기양양하게 돌아갔다. 이리하여 곧 민간의 부인이 될 진원원은 강남에 온 국구國舅 전홍우가 눈독 들이는 바람에 경성으로 잡혀 가게 되었다.

숭정 15년 봄, 수차의 노력 끝에 모벽강의 부친 모기충冒起忠은 마침내 보경무치도寶慶撫治道로 다시 발령 받았다.

모벽강은 진원원과의 약속을 지키고자 서둘러 남경으로 향했다. 그러나 돌아온 남경에서 모벽강은 국구 전홍우가 진원원을 강제로 황제에게 데려갔다는 말을 듣고 쓰러지듯 바닥에 내려앉고 말았다. "원원, 우리들은 진정 인연이 있으되, 맺어질 수 없는 것인가?有緣無分"*

---

* 정확한 뜻은 "인연이 있는지, 없는지?"이다.

진원원(陳圓圓) | 169

황제에게 받쳐지다 : 獻給皇帝

숭정 황제의 후궁에는 비빈이 적지 않았으나 황제가 좋아하는 이는 몇 명 되지 않았다. 그는 황후 주周씨를 좋아하지 않고, 전田비와 원袁비 두 사람만 비교적 좋아했다.

전비는 자색이 뛰어났을 뿐 아니라 악기와 바둑, 서화에 두루 통했으며, 기마에까지 일가견이 있었다. 그녀는 강남에서 자라서 궁에 들어온 후 강남의 생활 습속도 일부 그대로 가져왔는데, 어릴 때부터 북경에서만 자란 숭정 황제로서는 이런 것이 매우 신선하게 느껴졌다. 그리하여 황제의 의복이며, 구두 등 물품도 모두 남방에서 생산된 것을 썼다.

서기 1640년, 전비는 큰 병에 걸려서 일어날 기미가 보이지 않았다. 이자성이 난을 일으켜 조정을 떨게 하고, 각종 군대가 패배했다는 소식만이 연이어 건청궁乾淸宮에 전해질 그때, 전비의 병세도 갈수록 중해져 갔다.

국운도 호전될 기미가 없고, 전비의 병세도 나아질 기색이 전혀 없으니 숭정 황제는 상심하여 머리가 지끈지끈하였다.

지난 수년간, 그가 국사로 고뇌할 일이 있을 때 전비만이 그를 잠시나마 근심걱정으로부터 해방시켜 주었었다. 또, 전비만이 그의 마음을 가장 잘 알아주었다. 비록 그가 왕후비빈들로 하여금 국사를 묻는 것을 허용하지 않아 왔지만, 국사로 심히 고심하고 걱정할 때 전비에게만은 이를 호소하였고, 그녀는 각종 방법으로 그의 고민을 풀어 주고, 그를 즐겁게 해주었다.

숭정 황제는 전비를 사랑하고 연민하여 그녀를 '해어화解語花'라고 불렀다. 이제 이 한 송이 '해어화'가 회복되기를 눈이 빠지도록 기다려도 시들어만 가니 이를 구원할 방법이 전혀 없었다.

의술이며 약이 아무 효과가 없으므로 그는 실낱같은 희망을 중, 도사들의 경전 봉송과 천주교의 외국 선교사와 중국 신도들이 하루에 두 번씩 해 주는 기도에 걸고 있었다. 그는 매일 보살 등을 찾아 전비의 신체가 빨리 회복되도록 해 달라고 기도했다. 그러나 하늘은 이 불행한 황제를 돌보지 않는지, 2년 후 전비는 세상을 떠나 버렸다.

전비의 죽음은 숭정 황제로 하여금 비통하여 절망에 빠지게 했다. 그는 전비를 황후의 예식에 따라 장례를 치르도록 했다. 사랑하는 아들과 비가 차례로 세상을 떠나니, 숭정 황제가 받은 타격은 너무 커서 그 몰골이 날로 초췌해지고 성질은 갈수록 포악해져서 걸핏하면 야단치고, 궁녀들을 차고 때리곤 했다. 궁정생활의 풍파와 시국에 대한 상심은 숭정 황제를 내면으로 더욱 고독하고 쓸쓸하게 만들었다. 그는 원래 민감한 사람으로 극도의 공허감, 분노, 내지 절망이 맹렬히 밀려오면 때로는 자신도 모르게 펑펑 눈물을 쏟아내곤 했다.

이 모든 것을 전홍우는 눈여겨보았다. 전홍우는 전비의 친오빠로서 귀비인 여동생이 죽었으니 그 치맛자락에 매달려 영화를 누리던 그로서는 '사람이 떠나면 차도 식을 것人走茶凉'이라고 걱정하게 되었다. 그는 새로운 배경을 찾아 이제는 진원원을 황제에게 바칠 때가 되었다고 생각했던 것이다.

당초 전홍우가 강남으로 미녀를 고르러 갈 때, 숭정 황제는 무슨 일인지 몰랐다. 그저 큰 처남이 강남으로 유람이나 갔다 오는 걸로 알았다. 처남이 그러겠다는데 막을 이유도 없지 않은가? 전비가 병석에 누운 지 이미 2년이 되어, 보기에도 틀렸으니, 술수에 능한 전홍우가 생각한 것이 이 한 수였던 것이다. 처음 진원원을 보았을 때 전홍우는 바로 알았다. 이 여자는 용모나 재주에 있어서 자기 여동생인 전비보다 결코 못하지 않다고. 그래서 틀림없이 황제의 총애를 받아서 그의 두 번째 배경이 되어 줄 것이라고 믿어 의심하지 않았다.

그래서 어느 날, 그는 진원원을 데리고 건청궁으로 들어가 숭정 황제에게 보물이 있어서 바치고자 한다고 말했다. 마침 몇 개월의 시일이 흘러서 숭정 황제의 전비에 대한 사무치는 그리움도 어느 정도 완화되어 있을 때로 이날 황제는 사당에서 그녀의 명복을 빌고 돌아온 터였다.

"보물? 무슨 보물?"

"폐하, 이것은 폐하께서 생각하지 못했던 보물일 것입니다." 말을 마치자, 그는 사람을 시켜서 진원원을 데리고 들어오라 했다.

진원원은 정성껏 화장해서, 더욱 예쁘고 요염하였다. 그녀는 아주 예쁜 모습으로 걸어 들어와서 황제에게 만복을 빈다면서 인사했는데, 이는 모두 전홍우가 정성껏 전수해 준 것이다.

숭정 황제는 원래 전비를 가장 사랑했는데, 전비는 질투 덩어리로 주 황후와 황제의 총애를 다툴 뿐 아니라, 황제가 여자를 궁에 들이는 것을 용납하지 못했으니, 따져 보면 후궁에는 이미 여러 해 동안 새로운 사람이 들어오지 않았다. 숭정 황제는 본래 여색을 가까이 하는 사람도 아닌 데다가, 연년이 국가에 동란이 일어나고 농민이 봉기하며 경제가 무너져 내려 심신이 모두 피폐하여 점점 더 여색에는 관심이 없어졌다. 그런 차에 오늘 전홍우가 진원원 같은 절세미인을 바쳐 오니 저도 모르게 의외라는 생각이 들었다.

"이건, 이건 어쩌라는 거요?"

전홍우는 상주했다. "폐하, 이것이 바로 제가 올리는 보물입니다. 신이 보기에 폐하께서 온종일 국사에 지치신 데다가, 여동생 또한 얼마 전 병으로 세상을 버리니……." 전홍우는 억지로 짜낸 악어의 눈물을 닦으며 말을 이어갔다. "폐하께서 온종일 피로해 계시니, 신은 가슴이 아픕니다! 폐하께서는 의당 자신을 살피셔야 할 것이며, 온 마음을 오로지 국사에만 두어서는 안 될 것입니다. 오늘 이 여자는 진회지방에서 이름을 날린 재녀로서 이름을 진원원이라 하며, 용모가 수려할 뿐 아니라 비파, 바둑, 글, 그림琴棋書畵에 두루 정통합니다. 오늘 밤, 폐하를 시침 들게 하시지요!"

전홍우가 너무 직설적으로 이야기한 탓인지 숭정 황제는 얼마간 언짢았는데 그렇다고 마구 드러내기도 뭣했다. 그래서 그는 "요즈음 군사 문제가 급하니, 다른 일은 다음에 다시 상의하도록 하지!"라고 말하고는 고개를 떨어뜨리고 발걸음을 돌렸다.

전홍우는 머쓱해졌지만, 그렇다고 포기할 생각은 없어서 황급히 두 걸음 앞으로 나아가면서 말했다. "폐하, 잠깐만 기다려 주십시오. 이 여인이 전비와 닮은 것 같지 않습니까?"

이 말은 바로 숭정 황제의 급소를 찔렀다. 그는 고개를 돌리더니 진원원을 자세히 보았다. 아닌 게 아니라 눈썹이며, 눈에 정말로 전비의 모습이 서려 있었다.

"좋아, 오늘 밤은 우선 여기 두지."

전홍우는 한순간 환희를 맛보며, 진원원에게 말했다. "폐하의 은혜에 감사 드려야지?"

그리하여 진원원은 그곳에 남아서 대명의 천자와 하룻밤을 보냈다. 그러나 누가 알았으랴. 다음날 일찍 진원원이 깨어나 보니 황제는 보이지 않았다. 황제는 아주 일찍 조정에 나간 것이었다.

잠시 후 태감이 와서 황제의 말씀을 전했다. "황제의 말씀을 전합니다. 진 아가씨를 전부田府로 돌려보내라 하셨습니다!"

진원원은 좀 이상해서 물었다. "어째서인가요? 왜 그러시죠?"

태감이 말했다. "아가씨에게 말씀 드립니다. 저희는 오로지 폐하의 뜻대로 시행할 뿐 왜인지는 알지 못합니다."

그리하여 진원원은 다시 전부로 보내졌다.

이즈음 이자성의 반군은 갈수록 세력이 커지니, 명조는 이미 내우외환內憂外患의 상황으로 숭정 황제가 아무리 국사에 매달려도 미치지 못했으니 미색을 생각할 심사가 어디에 있었겠는가?

전홍우는 달리 방법이 없어 진원원을 자기 곁에 둘 수밖에 없었다. 전홍우는 진원원을 가지게 되자 매일 밤을 음악과 노래로 새우고, 마음껏 즐겼다. 진원원은 금의옥식錦衣玉食하는 환경에서 더욱 기예에 정진했다. 전홍우는 집에서 늘 북경의 권신귀족을 초청하여 연회를 여니, 진원원의 미모는 순식간에 경성에 소문이 쫙 퍼졌다.

진원원과 같이 기이한 여자는 하층 사회에 오래도록 매몰되어 있을 수가 없는 법이다. 그녀의 비정상적으로 비참했던 생의 전반부는 그녀로 하여금 온화하고 순종적이며, 사람의 뜻을 잘 헤아리고, 운명에 순종하는 흐르는 물과 같은 성격을 형성하게 했다.

모벽강으로부터 숭정 황제로, 그리고 다시 전홍우에게 오게 되니 그녀에게 이미 애정이란 것은 중요한 일이 아니게 되었다. 그녀에게는 단 하나의 문제 — 살아 남는 것 — 만이 있었던 것이다.

살기 위해서는 순종해야 했다. 순종하지 않았다면 그녀는 이미 남경에서 절명했을 것이다. 순종하지 않았다면 전부 안에서 그녀는 아마도 아무도 모르는 사이에 영원히 사라져 버렸을지도 모른다. 이렇게 형성된 성격은 이 기구한 운명의 여자가 살아남는 보배로운 경전經典이었으며, 동시에 이렇게 온화하고 순종적이며 사람의 마음을 잘 헤아리는 그녀의 성격에 매료되어 용맹무쌍하고 권력 있는 수많은 남자들이 그녀의 치마 아래 엎드리게 되었다.

전홍우가 진원원을 황제에게 헌상하려던 수법은 철저하게 실패하였다. 전비가 죽음에 따라 전홍우의 배경도 무너져 조정에서 그는 바로 염량세태世態炎凉의 쓴 맛을 보게 되었으니, 어제까지만 해도 그에게 붙어오던 사람이 오늘은 그를 거들떠보려고도 하지 않고, 비위를 맞추며 아첨하던 소리가 한순간에 비꼬면서 냉소하는 것으로 바뀌었다. 더욱이 황제가 그가 헌상한 미녀를 거절한 후 그의 조정에서의 지위는 한순간에 천길 나락으로 떨어져, 사람들이 그의 면전에서 공개적으로 그를 경멸했다. 전홍우는 참을 수 없는 굴욕을 느껴 머리를 짜내어 새로운 배경을 찾고자 했으며, 그리하여 그는 조정에서 득세하는 대신들을 주목하였다.

오삼계와의 만남 : 再見吳三桂

다른 사람이 찾아오고 아부해 오는데 습관이 된 전홍우는 사람들로부터 냉대를 받는 것을 견딜 수 없어, 심혈을 기울여 조정에서 새로운 배경을 찾았다. 당시 조정에서 가장 요긴한 사람은 젊고 유능한 계요병단薊遼兵團 사령관 오삼계吳三桂였다.

오삼계는 금주錦州 사람으로, 부친 오양吳襄은 관직이 참장參將에 이르렀으며, 영원위寧遠衛의 세장조世將祖 집의 사위였다. 오삼계는 어릴 때부터 다른 아이들에 비해 신체가 튼튼했으며, 용맹스러우면서도 지략이 있고, 말 타고 사냥하기를 좋아하여 부친이 매우 좋아했다. 오삼계는 장성한 후 금세 이름을 날리는 무장이 되어 영원위 중군관中軍官을 맡아 여러 차례 전공을 세웠다. 그러나 오삼계의 이름을 더욱 널리 알린 것은 자기 부친을 구출한 사건이었다. 한번은 오양이 병을 인솔하여 출정했다가 청군에 포위되었는데 오삼계가 필마단창單槍匹馬으로 적진에 뛰어들어 부친을 구출해내니, 이때부터 산해관山海關 안팎에서 이렇게도 용맹스럽고 전투에 능한 오삼계라는 인물이 있다는 것을 모두 알게 되었다.

서기 1643년, 이자성의 농민 봉기군은 동관潼關*을 깨뜨리고, 순식간에 섬서陝西지방 전체를 점령한 다음 곧바로 동으로 나아가 낙양洛陽을 점령하니, 전진하는 길에 관군은 여지없이 패주하여 흩어지는 형색으로 곧바로 북경 부근에 도달할 태세였다.

숭정 황제는 부득이한 상황에서 하는 수 없이 대신들의 건의를 받아들여 산해관을 지키는 오삼계를 북경으로 불러들여서 그로 하여금 방법을 강구하게 했다.

당시 오삼계가 거느린 오관녕 철기병五關寧 鐵騎은 명조에서 가장 전투력이 강한 무장세력이었다. 그리하여 수중에 실권을 장악하고 있는 오삼계라는 인물이 한순간에 전홍우의 목표물로 정해졌고, 그는 서찰을 보내 오삼계를 자신의 집에 와 식사를 하도록 초청했다.

오삼계로서는 국구가 식사에 초청하는 것은 대단한 일이므로, 아니 갈 이유가 없었다. 더구나 오삼계도 일찍이 국구의 집에 진원원이라는 절세미인이 있다는 말을 들은 터라 전씨 집안에서 초청이 오자 이를 생각하게 되었으니, 얻으려고 해도 얻지 못하던 기회가 아닌가? 그러나 그는 오히려 곤란한 듯 사양하고 전홍우가 세 번, 네 번 초청하기를 기다려 비로소 못 이긴 척 수락했다.

진원원도 얼마간 경성에 머물면서, 오삼계에 대해서 일찍이 들은 바 있었는데, 전홍우가 오삼계와 교분을 맺고자 하는 것을 알고 연회 석상에서 가무를 펼쳐 보임으로서 교분을 맺는 계기로 하고 싶다는

---

* 오늘날 흔히 말하는 광동성의 동관(東筦)과는 다른 곳이다.

진원원(陳圓圓)

뜻을 보였으며, 전홍우도 그러자고 했다.

이날 밤, 오삼계는 장군의 전투복을 입고 연회석으로 갔다. 연회석상에서 전홍우는 오삼계와 국사를 논하면서 자기도 모르게 한순간 감개무량해졌다. "내 나이 이미 예순이 넘었는데, 뜻밖에 동란의 시대로 뛰어들었소. 보아하니 이자성이 북경으로 진격해 오니, 온 집안 노소 식솔들의 생명을 부지할 방법이 없구려. 장군은 지용智勇을 겸비하여 나아가는 곳마다 적이 바로 패주하여 흩어지니 조정 신하들이 모두 당신만 바라보고 있어요!"

오삼계가 웃으며 말했다. "국구께서 과찬이십니다. 제가 폐하의 두터운 사랑을 받아 이제 포부를 펼 수 있게 되었는데, 이 오삼계 일신에 무예가 있으니 진정 전력으로 조정에 보은함이 당연하지요."

전홍우는 사람을 시켜 오삼계의 잔에 술을 가득 따르게 한 다음 일어나서 오삼계에게 말했다. "장군 우리 집안 노소 식솔의 생명을 온전히 당신에게 맡기니 많이 살펴 주시오. 노부가 장군을 위해 건배합니다." 그리고는 단숨에 잔을 비웠다.

오삼계도 황급히 일어났다. "국구의 말씀 심히 무겁습니다. 도적이 북경에 들어오니 삼계가 의당 북경성을 지켜야지요."

전홍우가 보니, 오삼계의 말이 다소 애매하여 그가 승낙하지 않을까 걱정되어, 뒤에 있던 가녀歌女를 불러 꾀꼬리가 노래하고 제비가 춤추는 양鶯歌燕舞 흥을 돋우게 했다.

오삼계도 바로 신이 나서, 웃음 띤 눈으로 가녀들을 바라보며 그중에서 진원원을 찾아보려고 했다. 오삼계는 이전에 진원원과 한번 부딪힌 일이 있어서 그녀의 대강의 모습은 기억하고 있었다. 그는 자세히 보았는데 이 여자들이 비록 하나같이 요염했으나, 그중 진원원 아가씨는 없었다.

오삼계는 다소 실망하여 전홍우에게 물었다. "일전에 듣기로 옥봉가기玉峰歌伎 진원원 아가씨가 귀부에 있다던데, 어찌 이 여자들 중에는 없지요?"

전홍우가 보아하니 오삼계가 과연 진원원에게 뜻이 있는 듯하여 웃으면서 사람을 보내 진원원을 불러오도록 했다. 진원원은 불려 나오면서 오삼계에게 만복을 빈다면서 인사했다.

오삼계는 일어서 인사하면서 진원원을 봤는데, 진원원은 정성껏 꾸민 터라 완연히 보배로운 달과 같았으며, 상서로운 구름 같고寶月祥雲, 신비스런 광채를 띤 것이 이전에 오삼계가 봤을 때보다 다소 여위기는 했으나 오히려 더욱 날씬하게 솟아 오른 듯 했다.

진원원은 오삼계를 보고 예쁘게 웃으며 고개를 살며시 숙였다. 그녀는 이전에 오삼계와 만난 일이 없지만, 오히려 일종의 "고개 한번 숙이는 온유함이, 찬바람에 부끄러움을 타는 수련화와도 흡사한恰似一低頭的溫柔, 不勝涼風的嬌羞"* 느낌이 들었다.

오삼계는 가슴에 파도처럼 밀려오는 감정을 주체하지 못하고, 다시 춤추는 여자들을 봤는데, 그녀들은 그야말로 속물스럽고 멍청하게 보였다. 그는 전홍우에게 말했다. "이런 미인이 있는 이상, 이 여자들

---

* 전단과 후단 사이에 像一朵水蓮花가 생략되어 있다.

은 더 있을 필요도 없으니 모두 물러나 쉬라고 하시지요. 제가 듣기로 진 아가씨의 비파 타는 솜씨가 비범하다던데 오늘 아가씨에게 청하여 한수 연주하여 흥을 돋우어 주도록 부탁하고자 합니다."

그리하여 전홍우는 여러 무녀들을 물러가게 하고 진원원으로 하여금 좌정하여 비파를 타게 하니 진원원은 섬섬옥수를 드러내어 〈상비원湘妃怨〉을 연주했다.

바로 이때 집안 집사가 급보를 가져왔는데, 전홍우가 한번 보니, 겉봉에 "대주代州가 함락되고, 주우길周遇吉은 전사했다."고 크게 쓰여 있었다. 대주는 북경 부근이니, 이는 바로 반란군이 북경에 곧 도달할 것이라는 것을 의미했다.

전홍우는 한순간 긴장하여 말했다. "노부 이미 풍촉잔년風燭殘年*에 이르렀는데 다시 또 전란을 맞으니 어쩌면 좋을꼬?"

오삼계는 이때 한 생각이 떠올라 말했다. "이 오삼계가 국구로부터 두터운 사랑을 받았으니, 대인을 위해서 힘을 다하고자 합니다. 다만 한 가지 국구에게 청하고자 하는데, 국구께서 들어주실 수 있을지 모르겠습니다."

말을 마치자 그는 한쪽 무릎을 꿇고, 술기운을 빌어 말했다. "만약 국구께서 진원원 아가씨를 이 오삼계에게 주신다면, 나 오모는 국구를 위해서라면 끓는 물에 뛰어들고, 불 위를 달리며赴湯蹈火 어디라도 마다하지 않을 것입니다."

---

* 바람 앞에 등불처럼 남은 여생, 즉 꺼져가는 인생 황혼기를 말한다.

이때 진원원이 나서서 말했다. "첩이 국구를 따라 한동안 있었으니, 국구를 떠나고 싶지 아니하나, 천첩의 안위는 작은 일인데 국구의 일은 큰일입니다. 국구가 위난에 처하였는데, 첩이 어찌 앉아서 볼 수만 있겠습니까? 국구께서는 저를 오장군에게 줘 버리세요."

오삼계는 크게 웃으며 말했다. "진 아가씨도 바라는 바입니다!" 말을 마치고는 황급히 몸을 일으켜 전홍우를 향해 사례의 인사를 했다.*

전홍우는 기쁘기도 하고 아깝기도 했다. 기쁜 것은 자기가 바라던 결과를 얻은 것이니, 진원원이란 절세가인을 대가로 자기 가족 노소 전부의 생명과 자신의 조정에서의 지위를 모두 보장 받게 되었다는 것이다. 다소 아깝기는 하지만 대국을 위해서는 이렇게 하기로 한 것이다.

그 다음날 전홍우는 진원원을 딸을 시집보내는 예를 갖추어 오부吳府로 보냈으며, 오삼계는 이 미인을 보석처럼 대하고 전홍우에 대해서도 감사하는 마음이 가득하였다. 전홍우의 노력이 드디어 결실을 보아 그는 진원원을 이용하여 능히 자신의 문호를 지켜줄 수 있는 사나운 이리를 낚은 것이다.

오삼계가 진원원을 취하여 집으로 돌아간 후 두 사람은 뜻과 정이 하나가 되어, 서로를 원하며 말로 다 할 수 없을 만큼 금실이 좋았다. 그러나 누가 알았으랴. 두 사람의 행복한 날은 그리 오래 가지

---

* 사실상 전홍후의 답을 듣지도 않고 인사하고 진원원을 데리고가 버렸다고 소개되어 있기도 하다.

못하였다. 오삼계는 원래 산해관에 진수하고 있었는데, 오삼계가 북경에 온 후 산해관이 함락된 것이다. 이자성의 또 한 갈래 부대가 산해관을 돌파하여 진격해 들어온 것이다. 숭정 황제는 달리 방법이 없어 오삼계를 산해관으로 보내고 다른 사람을 불러서 북경을 지키게 했다.

오삼계는 이 미인을 차마 두고 갈 수 없었는데 군대에는 가족을 데려갈 수 없게 되어 있었다. 오삼계는 체면을 무릅쓰고 억지로라도 진원원을 데려가려 했지만, 그의 부친 오양은 전황이 급할 때 오삼계가 가족을 구하러 돌아오지 않을 것을 걱정하여 진원원을 북경에 남아 있게 했다. 오삼계도 달리 방법이 없어 병력만 거느리고 산해관으로 갔으나 마음으로는 자나 깨나 이 젊은 소실 생각뿐이었다.

진원원은 일생 동안 두 사람의 남자를 좋아했으니, 모벽강과 오삼계였다. 모벽강은 유생 기질의 우아하고 소탈한 사람으로 재주꾼이었으니, 오삼계에 비하면 서생 기질이 현저했다. 반면 오삼계는 비록 무장이지만 거칠기만 한 장수가 아니라, 용기도 있고 지모도 갖춘 그야말로 지용쌍전智勇雙全의 명장이었다. 진원원은 편벽한 강남 한 구석에서부터 북경으로 옮겨 와 세상일도 많이 겪었고, 사람도 많이 알게 되었으며, 그 외에 모벽강과 헤어진지도 오래되어 점점 그를 희미하게 잊어갔다.

반면 눈앞의 이 남자는 정도 있고 의리도 있으며 문무겸전文武雙全하였으니, 그녀에게는 더욱 흡인력이 있었다. 오삼계 또한 그녀에 대한 정이 날로 깊어져 그녀의 말이라면 뭐든지 들어주곤 했다. 진원원은 사실 출신이 보잘 것 없었는데 오히려 이렇게 오삼계의 두터운 사랑을 받게 되니 깊이 감동하여 모벽강을 결연히 버리고 흔들리지 않는 마음으로 오삼계의 처 노릇을 했다.

꿈은 깨어지고 경성은 화염에 휩싸이다
夢斷京華

오삼계가 산해관으로 간 사이에 이자성은 북경에 대한 공세를 시작했다.

숭정 말년(서기 1644년) 2월, 이자성이 이끄는 농민봉기군은 하남성 용문龍門으로부터 황하를 건너서 태원을 점령함과 동시에 〈영창원년조서永昌元年詔書〉를 반포했다.

이 소식이 조정에 전해지자, 숭정은 탄식했다. "짐이 망국의 임금은 아니나, 국세는 이미 망국의 모습이구나." 숭정은 친히 군을 독려하여 이자성의 농민봉기군과 결사적인 일전을 치르려고 했다. 당시의 형세로 볼 때 명조는 이미 조석으로 망할 형세였으니, 망국의 임금이 아니라는 것도 어쩌면 숭정이 혼자 하는 자기기만自己欺滿의 말에 불과한 것은 아니었는지 모를 일이었다.

3월 15일 이자성의 군대는 거용관居庸關에 밀고 들어갔고, 명나라 총병통수總兵統帥 당통唐通은 투항하여 명조의 병력 전부를 이자성에게 내주었다. 이제 북경에는 얼마 되지 않은 성내 군대만 남았다. 3월

16일 저녁, 농민군 선봉은 북경 교외에 도착하여 밤새 신속하게 북경성을 포위했다.

그 다음날 아침 일찍 북경성을 함락하기 위한 결전은 개시되었다. 전투가 시작된 후 성 밖의 명나라 군대는 한 번의 공격을 견디지 못하고 바로 패해 버렸고, 이어서 농민군은 북경성 각 문을 공격했다.

이자성이 보기에 성문을 지키는 명군의 저항이 완강하므로, 태감 두훈杜勛을 황궁으로 보내서 투항을 권고하며 이로써 쌍방 간의 사상자를 줄여 보려고 했다.

두훈이 숭정 황제를 보자, 숭정은 무섭게 나무랐다. "이런 쌍놈의 천한 것이, 네가 감히 나를 만나겠다고 와?"

두훈은 풀썩 황제 앞에 무릎을 꿇었다. "폐하! 신의 죄, 만 번 죽어 마땅하옵니다. 불충불의하였으며, 드릴 말씀도 없습니다. 그러나 이자성은 민심이 따르고 있어 비로소 그 세가 파죽지세로 일로전진一路前進 할 수 있었던 것입니다."

숭정은 눈을 휘둥그렇게 뜨고 그를 보며 말했다. "네 말은 짐은 이제 이미 민심을 잃었다는 뜻이렸다. 천한 것이 너무도 대담하구나."

두훈은 계속 말했다. "오늘 신이 여기 온 것은 기실 폐하를 위한 일념에서입니다. 폐하, 지금 이자성의 군대가 바로 성으로 들이닥칠 것인데, 적과 아군의 전력의 차이가 워낙 큽니다. 신하된 몸으로 폐하를 여러 해 모셔 온 저로서는 이자성이 폐하에게 독수를 쓰는 것을 차마 볼 수 없습니다."

숭정 황제는 냉소를 흘리며 외면했다.

두훈은 말했다. "그래서 제가 이자성에게 폐하를 잘 모시도록 재삼 요청했습니다." 잠시 뜸을 들인 다음 그는 계속 말했다. "이 장군이 말하기를 만약 폐하께서 스스로 퇴위하신다면, 폐하께 저택과 만 냥의 황금을 드린다는 것이니, 이렇게 하면 폐하께서 만년을 편안하게 지내시고 황후마마와 황자님들도 모두 평안무사하지 않겠습니까?"

숭정 황제는 격노하여 얼굴이 시퍼렇게 질리면서 말했다. "뭐라? 네놈이 나로 하여금 조종祖宗이 꾸려 온 이 강산을 받들어 이자성에게 바치라고? 네놈은 도대체 내 얼굴을 어디에다 두라고 그리 말하는가? 이 천한 놈이, 이런 말까지 해대다니. 여봐라! 이놈을 끌어내 참수하라!"

옆에서 두 장사가 바로 두훈을 끌어내 갔다.

한편 이자성은 두훈이 기다려도 오지 않아 갑갑해 하던 중, 좌우에서 보고하는 것이 두훈은 이미 숭정 황제가 죽여 버렸다는 것이었다. 이자성은 탄식했다. "이놈의 황제, 잘해 주려고 해도 받아들이지 않으니 내가 무자비하다고 탓하지나 말게나."

말을 마치자마자 그는 바로 총공격을 선포했다. 농민군은 그날 저녁 바로 광녕문廣寧門*을 부수었으며, 밤중에 덕승문德勝門, 부성문阜成門, 선무문宣武門, 정양문正陽門, 조양문朝陽門도 모두 열고 물밀듯이 북경내성으로 쏟아져 들어갔다.

3월 19일 정오, 이자성은 북경성으로 들어갔다. 이날 아침 일찍 숭

---

* 광안문(廣安門)이라고도 한다.

정 황제가 종을 쳐서 아침 조정회의早朝를 알렸지만 아무도 오지 않았으며, 황궁에 남아 있는 사람도 몇 명 되지 않았다.

마지막 순간에 숭정 황제는 최후의 수단으로 북경성을 탈출하고자 했다. 그는 태감 왕승은王承恩을 따르게 하여 날이 밝기 전에 성을 나가려고 하였으나 뜻밖에도 성문마다 이미 농민군들이 파수를 보고 있어 탈출이 근본적으로 불가능했다.

숭정 황제는 아무런 방법이 없어 건청궁으로 돌아올 수밖에 없었다. 만 가지 생각이 한줌 재로 돌아간 상황에서 그는 매산煤山에서 목을 매어 죽었다. 이리하여 중국을 200여 년 통치하던 명 왕조가 끝났다.

북경성의 백성들은 숭정 황제가 죽었다는 소식을 듣고 집집이 명절이라도 보내는 것처럼 즐거워하면서 농민군의 입성을 환영했다.

정오 무렵, 이자성은 삿갓을 쓰고 준마 위에 앉아, 대장 유종민劉宗敏, 승상 우금성牛金星, 군사 송헌책宋獻策 등 일군의 참모를 데리고 농민군을 인솔하여 연도에 선 북경성 백성들의 열렬한 환영을 받으면서 호호탕탕 북경성에 들어갔다.

오부에는 오양이 부인의 방에 있었다. 이번에 이자성은 북경에 진입하여 오부로부터 5,000냥의 은자를 약탈해 갔는데, 은자는 그래도 큰 문제가 아니었다. 오양이 지금 달리 걱정하는 것은 멀리 변방에 있는 오삼계의 안위이며, 또 한편으로는 북경성에 있는 집안 노소 식솔들에게 흉한 일이 미칠까 하는 것이었다.

바로 이때 종자가 와서 보고하기를 이틈왕李闖王, 즉 이자성이 사람을 보내왔다는 것이다. 오양은 가슴이 덜컥 내려앉았다. 또 무슨 화가 들이닥친 것인지?

앞에 나타난 유종민은 매우 공손했다. 오양에게 절을 하면서 "진원원 아가씨가 여기 부에 있다고 하던데, 오늘 특별히 틈왕의 명을 받들어 진 아가씨를 궁으로 모셔가려고 왔습니다."라고 말하는 것이었다.

오양은 깜짝 놀라면서 바로 말했다. "진 아가씨는 우리 부府에 없어요."

"없어요? 어디 갔습니까?"

"몰라요. 최근 전란이 계속되어 많은 종자들이 모두 가 버렸는데 진 아가씨는 아들 놈의 일개 어린 첩에 불과한지라 며칠 전부터 어디 갔는지 알 수가 없네요."

유종민은 웃었다. "만약 진 아가씨를 내어 놓지 않는다면 내가 수색해 보리다. 사실대로 말하자면 귀부는 벌써 포위되어 파리 한 마리 못 빠져 나가요." 말을 마치고는 병사들을 풀어서 오부를 샅샅이 뒤졌다.

잠시 후 진원원이 끌리고 떠밀리면서 나왔다. 진원원은 끌려가면서 외쳤다. "왜 나를 잡는 것이오. 나는 아무 죄가 없습니다.! 그 뒤로 여자 몸종과 오부인이 따라가면서 집안 식구들이 모두 울고불고, 잡아당기곤 했다.

유종민은 오양에게 절하면서 말했다. "오총병總兵, 그럼 소인은 진 아가씨를 데려갑니다. 우리들도 다 명을 받들어 그대로 할 뿐입니다."*

---

* 일설에는 유종민이 스스로 진원원을 차지하였다고 한다.

오양은 노기가 치밀어 입술이 떨렸다. "네놈들, 정말 간이 하늘을 덮는구나."

유종민은 돌아보지도 않고 진원원을 잡아가 버렸다.

오양은 화를 가누지 못하고 의자에 풀썩 앉았다. 당초 그가 고집하여 진원원을 남겨 놓았는데 지금 이리 되니 오삼계에게 뭐라고 말할 것인가? 늙은 총병은 머리가 지끈지끈해졌다.

화가 치밀어 관을 찌르고, 얼굴이 시뻘게지다
沖冠一怒爲紅顔*

오삼계에 대해서는 이자성도 생각하는 바가 있었다. 그는 오삼계가 문무를 겸한 명조의 대장으로 힘써 거둘 가치가 있는 인물임을 알고 있었으므로 그를 죽이려 할 것이 아니라 자신의 수하로 포섭하기로 했다.

그리하여 이자성은 자신의 대장 우금성을 시켜서 오삼계 부친의 명의로 투항 권고문을 만들게 하고, 동시에 일찍이 오삼계의 가까운 친구로서 지금은 투항하여 이자성의 무장이 되어 있는 당통唐通을 산해관으로 보내 오삼계에게 백은 400만 냥을 선물로 주면서 항복을 권하게 했다.

* 痛哭六軍俱縞素, 沖冠一怒爲紅顔, 청대 시인 吳梅村의 시구에서 나왔다.

당통은 산해관에 도착하여 오삼계에게 말했다. "총병 어른과 당신네 집안은 모두 아무 일 없이 편하게 잘 있을 뿐 아니라, 이틈왕이 총병 어른 일가에 대해서는 특별히 우대하고 있으니 장군은 안심하시게! 이번에 틈왕이 나를 보낸 것은 우선은 장군을 위로하고, 다음으로는 장군이 나와 함께 돌아가 같이 대업을 도모했으면 하는 것이오. 틈왕은 장차 장군을 개국원훈開國元勳으로 봉하실거야."

당시의 천하 정세에 대하여 오삼계는 잘 알고 있었으므로 한번 생각해 보더니 이자성에게 귀순하기로 결정했다.

"그러나 내가 경성으로 가면 산해관은 누가 지키나?" 오삼계는 걱정이 되었다.

"그건 장군이 걱정할 필요 없소. 틈왕이 이미 요량해 두었으니까. 내가 2만 병력을 데려왔으니 그들이 여기서 장군 대신 주둔하여 지킬 것이니, 장군은 안심하고 북경으로 돌아가면 돼."

이리하여 모든 것을 잘 조치한 다음 오삼계는 자신의 정예부대 전부를 이끌고, 북경으로 돌아갔다.

당시 명조와 이자성의 군대 외에도 중국 북방에는 또 하나의 정치역량이 있었으니, 바로 다얼곤多爾滾이 이끄는 만주족 군대로 결코 소홀히 볼 수 없었다. 이자성이 북경에 들어가기 전에 청병은 이미 요서遼西 지구 전체를 제압하고 있었다.

다얼곤은 진작 명조가 중대한 위기에 처해 있다고 판단하여 시시각각 국면이 발전되어 가는 것을 긴밀히 관찰하면서 병사들에게 쉬면서 무기를 가다듬고, 양식을 비축하며, 말을 잘 보살피고 있으라고 하면서 4월 초에 명조를 토벌하려고 했다. 그런데 누가 알았으랴 이자성이 대군을 이끌고, 고목을 꺾고, 썩은 나무를 잡아채는 기세로摧枯拉朽之勢 선수를 쳐서 먼저 진격하더니, 3월 19일에 이미 북경에 입성해 버렸다. 다얼곤으로서는 너무나 뜻밖에 형세가 급변한 것이었다. 그러나 다얼곤은 그렇다고 포기하지 않고, 이자성의 북경에서의 동정을 예의주시하면서 기회가 있으면 바로 출병하려고 준비하고 있었다.

한편 오삼계의 부대는 이미 란주灤州에 다다랐는데, 호호탕탕浩浩蕩蕩 거침없이 나아가니 그야말로 장관壯觀이었다.

란주는 당산唐山의 일개 현으로 북경에서 매우 가까운 곳이다. 이때 전방 멀리 누군가가 필마단신으로 먼지를 일으키며 나는 듯이 달려오고 있었다.

그 사람은 오삼계 군 앞에 오더니 물었다. "앞에 계신 분이 오장군이십니까?"

앞에 있던 장수가 대답했다. "맞아."

그 사람은 바로 말했다. "오장군에게 보고합니다. 오양 대총병께서 긴히 말씀 드릴 것이 있어서 저를 보내서 대장군을 뵙게 했습니다."

앞장 선 장수가 이 사람의 신색을 보아하니 심히 다급해 하므로 바로 오삼계에게 데려가 접견시켰다.

오삼계가 이 사람을 보니 일신에 간편한 복장만 걸치고 먼지를 뒤집어썼는데 본 적이 없는 사람 같아서 물었다. "오총병께서 그대를 보내셨다고?"

"바로 그렇습니다." 그 사람은 봉해진 서신 한통을 꺼내더니, 두 손으로 받들어 오삼계에게 바쳤다. "이것은 오대총병께서 장군에게 보내는 밀서입니다."

오삼계가 뜯어보니 과연 부친의 필적이었다. 오양은 서신에서 자신은 북경에서 위난을 면하지 못하고, 매일 이자성으로부터 수탈당하고 있으며, 이미 은자 5,000냥을 빼앗겼다는 등 사연을 말했다. 오씨 집안에서 5,000냥 은자는 그리 대단한 것이 아니라고 할 수도 있었으나, 오삼계가 절대 받아들일 수 없는 것이 그 다음의 소식이었다. 오양은 편지에서 진원원이 강제로 잡혀 가게 된 앞뒤 사정을 일일이 오삼계에게 일렀다.

오삼계는 여기까지 보더니, 바로 칼눈썹劍眉이 거꾸로 서면서, 보검을 뽑아 옆에 있던 탁자를 내리쳐 두 동강 내고 말았다. 그는 입술을 물고 이를 갈면서 말했다. "대장부가 자기 식솔도 보호하지 못한다면 무슨 체면으로 사람을 대할 것인가? 나 오삼계가 어찌 이다지도 파렴치한 소인배에게 투항할 수 있단 말인가?"

이 한 번의 분노가 바로 역사상 유명한 충관일노冲冠一怒*이다. 오삼계는 강경한 사람이라 거의 아무 것도 고려하지 않고, 그 자리에서 이자성과 생사를 건 혈전을 벌여 이 원수를 갚겠다고 맹서했다. 그는 즉시 군대를 돌려서 산해관으로 돌아가 주둔하고 있던 당통의 부대를 습격했다. 아무런 준비도 하고 있지 않던 당통 군은 오삼계 군에 의해 처참하게 살육 당하여, 결국 겨우 몇 명의 종자만 데리고 북경으로 달아날 수 있었다.

이 첫 번째 공격이 바로 오삼계의 이자성에 대한 선전포고의 신호탄이 되었다.

이 소식이 북경에 전해지자 이자성은 대경실색하여 20만 군을 동원하여 친히 산해관에 당도하되 오양 일가 노소 가족 전부를 데려갔다. 동시에 그는 당통과 백광은白廣恩으로 하여금 2만 기병을 인솔하여 관關을 우회하여 오삼계를 협공할 준비를 하게 했다. 오삼계 또한 부대를 배치하면서 응전할 준비를 했다.

바로 이때 오삼계는 다얼곤이 10만 대군을 거느리고, 산해관으로 바로 쳐들어오고 있다는 갑작스런 보고를 받게 되었다. 오삼계는 부장副將 양곤楊坤과 곽운룡郭雲龍을 불러, 계책을 의논하면서 말했다. "이쪽에는 이자성이란 도적이요, 저쪽에는 청병이니 어떻게 대처함이 좋을까?"

양곤이 생각하더니 말했다 "신에게 한 계책이 있는데 과연 옳은지 모르겠습니다. 이 명조 강산을 이놈의 틈적闖賊*에게 내주느니, 차라리 만주족의 청군에게 줌이 좋겠습니다."

오삼계는 이자성이 진원원을 빼앗아간 데 대해서 한이 맺힌 터라, 생각할 것도 없이 양곤의 건의를 받아들였다.

다올곤의 군대가 산해관에서 불과 몇 리 떨어진 지점까지 왔을 때, 뜻밖에 오삼계가 사자를 보내서 접견을 청한다고 하자 다얼곤은 그를 맞이하였다. 양곤이 서신을 올리자 다얼곤이 보더니 크게 기뻐하

---

* 관을 찌르며 솟아 오른 노기를 말한다.
** 도적놈 이자성을 뜻한다.

며 동의하고 바로 부대를 이끌고 오삼계 군과 합류하더니 이자성의 부대를 일거에 격파했다.

바로 그 유명한 오삼계, 이자성, 다얼곤의 산해관 대전山海關 大戰이다.

오삼계가 청군에 투항하기로 결정할 때 마음속으로 자기가 사랑하는 사람이 모욕을 당하고 있다는 것에만 생각이 미치고, 나머지를 생각하지 못했으니 이로써 북경의 부모, 형제, 자매들을 포함한 30여 가족들은 한순간에 목숨을 잃게 되었다.

이자성은 패배한 후 즉시 북경으로 철수하여 오양 일가족을 살해하고 금은보화를 거두어 서안西安으로 향하였다. 자신의 황제 등극은 겨우 29일간 뿐이었으니, 바로 이어서 그는 서안으로 도망가서 그곳을 자신의 근거지로 삼을 생각을 한 것이다.

그러나 이자성의 서안으로 향한 진군도 순탄치 않아서 누차 오삼계와 청병의 공격을 받아 패한 데다 우금성의 참소를 가벼이 믿어 정직하고 지모가 풍부한 이암李巖을 죽여 버렸으니, 따르는 군중들의 민심이 흩어지고 전투력을 상실하여 급속히 실패의 길로 떨어져 갔다.

청군은 산해관에 들어온 후 이어서 북경으로 진입하였으며, 진원원은 다시 오삼계에게로 돌아갔다.

청나라가 중국 강산을 얻은 후 오삼계는 강희康熙에 의해서 운남으로 파견되어* 그곳에 진수鎭守하게 되었으며 진원원도 오삼계를 따라

---

* 오삼계가 운남의 평서왕(平西王)에 임명된 것은 다얼곤에 의해서이며, 운남에 파견된 것은 강희제 앞인 순치제(順治帝) 때의 일로 강희 연간에 문제가 노출되기 시작했다.

운남으로 갔다. 그러나 그 후 나이가 들고 미색이 시들면서 진원원은 점차 오삼계로부터 냉대를 받았고, 후일 오삼계가 운남에서 "사방관음四方觀音", "팔면관음八面觀音" 등의 미녀를 찾아 부중으로 맞아들이고 나서는 더욱 심해져서 진원원은 오화산五華山으로 들어가 삭발을 하고 여승이 되어 홍진세상과 등을 졌다.

오삼계는 청나라에 30년을 충성하더니 반청의 기치를 들고 군사를 일으켰다가 강희제에 의하여 진압되고, 그의 일가 처첩자녀가 모두 죽음에 처해졌다. 진원원은 오삼계가 죽었다는 소식을 들은 후 입을 닫고 말을 하지 않더니, 후에 오화산 화국사五華山 華國寺의 연화지蓮花池에 몸을 던져 자살하고 말았다. 일대의 명인 진원원은 이렇게 자신의 일생을 마무리하였다.

진원원은 민간에서 널리 동정을 받았는데 그것은 그녀가 부딪힌 남자들이며, 인생이 자신이 원한 것이 아니었기 때문이었다. 오삼계는 비록 그녀에게 깊은 사랑을 주었지만, 본성을 버리지 못하고 여성을 편력하였으며, 더구나 몸이 귀해져서 평서왕平西王이 되고 나서는 한 지방의 패자가 되어서 어떤 여자라도 손짓 하나로 부르게 되자 진원원도 어쩔 수 없이 방치되는 운명에 이르게 되었으니, 이 여자의 일생이 슬프고 통탄스럽지 않은가? 그 쓰라리고 고통스러운酸甛苦辣 심정은 지하에 깊이 잠들은 진원원만이 알리라.

자희

그녀는 중국을 48년이나 통치했다. 그녀는 비록 황제는 아니었지만 황제 이상이었다. 그녀는 두 번에 걸쳐서 수렴청정을 하였고, 동치(同治), 광서(光緖) 두 황제가 모두 그녀의 손아귀 속 노리개가 되었으며, 허다한 절세의 남자들이 모두 그녀의 권세 아래 절대 복종했다. 그녀는 자신의 개성을 한껏 발휘하여 그녀의 희노애락이 국가정치와 생활에 용해되게 하였으며, 역사에 영향을 미치게 하여 이를 바꾸기도 했다. 이처럼 권력을 목숨처럼 좋아했던 여자는 어떤 일생을 살았을까? 그녀는 어떻게 하여 일개 보통의 관료 집안 여자로부터 최고 권력의 정상에까지 올라갈 수 있었을까?

- 자희(1835~1908년)

자희
慈禧

귀비가 되는 영예를 누리다 : 英爲貴妃

　자희는 북경의 일개 보통의 관료 집안에서 태어났으며, 집은 서사패루西四牌樓의 벽시길辟柴胡同에 있었다. 함풍제咸豊帝가 즉위하던 그해 17세의 자희는 난귀인蘭貴人이라는 신분으로 자금성紫禁城에 들어가 그녀로서는 생소하면서도 동경하던 궁중생활을 시작하였다. 홍장황와紅墻黃瓦*의 자금성 안, 황제가 모든 것을 주재하는 권력의 중심에서 세

---

* 붉은 담장과 노란색 기와를 말한다.

상물정 모르고 출신도 변변치 않은 묘령의 소녀는 어떻게 해야 살아남을 것인가? 여섯 궁의 미인 삼천 명이 아름답게 화장을 하고 경쟁하는 와중에 그녀가 황제의 총애를 얻어 자신의 꿈과 희망을 실현할 수 있을 것인가?

자희가 귀인의 신분으로 궁에 들어갈 때 심리적 압박이 매우 컸으니, 당시 진빈珍嬪, 운빈雲鬢, 려귀인麗貴人이 모두 황제의 총애를 듬뿍 받고 있을 때였다. 진빈은 훗날의 자안황후慈安皇后이며, 운빈은 함풍제가 아직 황자皇子일 때부터 그를 모셨던 소실로 함풍제와는 이미 오랜 기간 깊이 정든 사이이고, 려귀인은 같은 귀인의 신분으로 선발되어 궁에 들어왔으나 그 미모가 자희보다 훨씬 나았다.

이러한 상황에서 자희가 황제의 총애를 획득하고자 한다는 것은 심히 어려운 일이었으나, 자희는 기실 보통 사람이 아니라, 절대적인 총명함을 갖춘 위에 수단이 대단한 여자였다. 자희는 자신의 노력으로 몇 년 후, 일개 보통의 빈에서부터 후궁의 제2인자의 자리에 올라앉는다.

함풍제는 줄곧 아들이 없었는데, 후궁에 3천명의 미인을 두고 황제로서 4년을 지냈건만, 아무리 해도 후궁의 어떤 비빈妃嬪도 황자 하나를 낳지 못했다. 함풍제 자신도 매우 초조하였으니, 황자가 없다는 것은 바로 황위를 계승할 자가 없다는 것으로 선조들이 고생고생 다져 온 이 강산을 설마 하니 자신의 대에 이르러 다른 사람에게 넘기고 말 것인가?

이때 궁중에는 묘한 분위기가 흐르고 있었으니, 누구든 먼저 황자를 배태하면 모친은 아들로 인해 귀해진다母以子貴는 말처럼 궁중에서 그 누구와도 비교할 수 없는 지위에 오를 것이 분명하다는 것이었다.

모든 여자들이 황제의 아들을 가지고 싶어 했고, 자희도 예외는 아니었으나 자희가 그저 바라기만 해서는 아무 소용이 없었으니, 그녀는 부인과의 병이 있었던 것이다. 자희는 경통經痛*이 매우 심해 이 때문에 불임이 될 가능성이 있었다. 그래서 자희는 자신이 이 때문에 황자를 가질 수 없는 것은 아닌지 매우 걱정했다.

그러나 자희는 이때까지만 해도 일개 비빈에 불과하여 태의로 하여금 자신의 병을 봐 달라고 청할 자격이 없었다. 청조의 제도에 따르면 황제와 황후만이 태의를 불러 병을 보게 할 수 있었으므로 자희가 의지할 수 있는 경로도 황제나 황후를 통하는 것밖에 없었다. 그러나 이런 사정을 어떻게 황후와 이야기한단 말인가? 게다가 그녀는 다른 사람이 아는 것도 두려워했으니, 후궁에는 여자들이 많은데 게다가 그들 모두가 사람 놀리는 우스갯거리를 못 찾아 안달이 나 있지 않은가? 그녀는 다른 사람에게 약점을 잡히고 싶지 않았으나, 약점을 보이지 않고 어떻게 치료할 수 있단 말인가? 황제에게 말한다면 황제는 불임에 이를 수도 있는 이런 병을 갖고 있다는 것 때문에 자신을 냉대할 것이 분명했다. 자희는 밤잠을 못 이루고 뒤척이다가 마침내 한 방법을 생각해냈다.

한번은 황제가 자희를 불러서 시침侍寢** 들게 했는데, 자희는 부드

---

* 생리통을 뜻한다.
** 잠자리 시중을 드는 것을 말한다.

럽고 온순하며 살갑게 살피면서 황제를 극진히 모셔서 황제가 매우 즐거워했다. 이런 기분을 살피면서 자희는 황제에게 귓속말로 청했다. "황상, 저는 늘 배가 편하지 않아요. 황상께서 태의를 보내 저를 좀 살펴보게 해주실 수 없는지요." 그녀는 경통이라 말하지 않고, 위가 불편하다고 한 것이다.

함풍은 한참 즐겁던 터라 한마디로 승낙했다. "안될게 없지. 말 한마디면 되는 일 아닌가. 내일 내가 태의에게 명하여 자넬 찾아보게 하지."

과연 다음 날 오전 태의가 왔다. 태의는 맥을 짚어 본 후 수염을 쓰다듬으며, 자희에게 말했다. "귀비, 이것은 혈기가 막혀서 뱃속에 동통疼痛을 일으킨 것입니다." 역시 경통이라는 것이었다. "제가 약 한 첩을 처방해 드릴 테니, 당분간 몸조리 잘 하시면 바로 나을 것입니다." 이 약은 이평조경환夷平調經丸*이라 불리는 것으로 피를 순하게 하고 생리를 조절하여 기를 흐르게 하며 혈류를 활발하게 하는 작용이 있었다. 그러나 이 약도 아무 효과가 없어서 태의가 다시 와서 자희의 병세를 보고, 약을 처방하여 조리시키는 등 1년을 노력한 끝에 자희의 경통은 드디어 나았다.

그리고 얼마 되지 않아 자희가 임신했다. 이는 궁중의 일대 사건인 동시에 모든 여인들의 신변에 들이닥친 폭탄이었다. 모두들 눈을 비비며 자희가 임신한 과정을 지켜보면서 어떤 이는 기뻐하고, 어떤 사

---

* 생리를 편안하게 조절하는 알약이라는 뜻이다.

람은 질투하며, 더러는 그녀가 바로 유산해 버리기를 간절히 기도하기도 했다.

자희는 온종일 매우 조심스럽게 몸을 돌봤으며, 함풍제도 당연히 크게 기뻐했다. 함풍제는 궁중의 아귀다툼을 잘 아는지라, 자희가 이 아이를 평안하게 낳을 수 있도록 돕기 위해 자희가 임신 6개월이 되었을 때 전례를 깨뜨리고 자희의 모친을 궁중으로 불러들였다. 그리고 8, 9개월 되었을 때는 산파를 파견하고, 다시 8명의 태의를 보내서 윤번으로 당직을 쓰면서 자희를 돌보게 하는 등 고도로 경계하며 만일의 사태에 대비하였다. 함풍제 6년 3월, 드디어 자희는 함풍제의 첫 번째 황자 재순載淳을 낳았으니, 바로 훗날의 동치同治 황제이다.

황제는 기뻐서 어쩔 줄 몰라 하면서 공이 있는 자들에게 무거운 상을 내렸는데 첫 번째로는 자희의 모친이었으니, 그녀가 자신에게 황자를 낳아 준 이렇게 우수한 여인인 자희를 낳아 주었다는 것에 대해 감사한다는 것이었다. 함풍제는 자희의 모친에게 상으로 주택을 내렸는데, 북경 서직문西直門 부근의 부지가 매우 큰 집이었다.

오래지 않아 자희는 귀비로 승격되어, 의懿귀비가 되었다. 귀비 위에는 황후와 황귀비가 있었지만 함풍제는 황귀비를 두지 않았으므로 자희는 한순간에 빈에서부터 궁중 제2인자의 자리에 오른 것이다.

일반적인 여인의 사고나 생활 방식에 따르면 이때는 이 두드러진 영예를 누리면서 아들이 제위에 올라 태후가 되기를 기다리는 것이 상식이나, 자희는 그러하지 아니하였다. 궁중에서의 지위를 공고히 하고자 한다면 반드시 황제를 제어할 수 있어야 한다는 것이었다. 황제도 사람으로, 그 또한 각양각색의 습관과 결점이 없을 수 없으니, 자희가 이런 그의 특성을 충분히 파악하고, 나아가 그것을 능히 이용할 수 있을 것인지 두고 볼 일이었다.

자희는 궁중의 어떤 여인도 갖추지 못한 조건을 구비하였으니, 바로 언어상의 강점이었다. 자희 부친은 업무상 만족과 한족의 두 가지 언어를 모두 통달해야 했다. 이 같은 가정환경의 영향으로 자희는 한자에 비교적 숙달되어 읽고 쓸 수 있었다. 이는 만족의 여자로서는 좀처럼 갖추기 힘든 자질로 당시의 황후 자안慈安을 포함하여 함풍제의 후궁에서 이 능력을 갖춘 사람은 자희밖에 없었다.

그러면 함풍제는 어떠했던가? 함풍제는 정사政事에 충실한 사람은 아니었으니, 강희康熙처럼 정사에 전심전력한 것도 아니었고 옹정雍正처럼 병을 안고도 조정에 나오는 사람도 아니었다. 함풍제는 욕망을 따라 절제 없이 사는 사람으로 시간만 나면 여인들과 어울릴지언정 조정에 나가고 싶어 하지는 않았으나, 매일 부득이하게 조정朝政 일을 처리해야 하며 수많은 상소문을 봐야 했다. 그는 자희가 한자를 해득한다는 것을 알고, 어떤 때는 자희에게 읽어 달라고 하더니 후에는 아예 자희에게 대리 결제하게 했다. 자희는 구중궁궐 심처에 살면서 국가대사에 대해서는 조금도 몰랐지만 상소문을 읽고, 보는 과정에서 태평천국이며, 아편전쟁 등을 자세히 알게 되었고 또 처음에는 어떻게 처리해야 하는지 몰랐으나 황제가 처리하는 것을 보면서 얼마간 시간이 지나자 어떻게 처리해야 하는지도 알게 되었다. 군기처軍機處에서 상신하는 문서는 군국대사이므로 황제가 반드시 봐야 하는 것인데, 자희는 황제와 함께하면서 황제가 대신과의 관계를 포함하여, 군국대사를 헤아려 처리하는 것 등을 자세히 관찰하여 파악하였으며, 이는 후일 자희가 수렴청정하기 위한 기초를 다진 것이 되었다.

수렴청정 : 垂簾聽政

1860년 영불 연합군이 대고大沽 포대를 공격하여 함락시키고, 천진을 점령하며 북경을 압박했다. 침략군이 문 앞에까지 온 것을 본 함풍제는 놀라서 황급히 교시를 내려 달아날 준비를 시켰다.

이때 의귀비가 나서서 황제에게 말했다. "황상, 이럴 때 달아나서는 안 됩니다. 황제께서 지금 경성을 지키시면 민심이 안정되어, 침략군에 위협이 될 수 있으나, 여기를 떠나신다면 종묘사직은 주인이 없어질 것이며, 북경은 침략군에 의해 짓밟히고 파괴될 것입니다. 게다가 황제께서 경성을 버리고 달아나신다면 후세의 수치스런 웃음거리가 될 것입니다."

그러나 함풍제는 이미 달아나기로 결정한 터라, 그녀의 말이 귀에 들리지 않았으며, 나아가 이 한바탕 설전으로 황제와 그녀 사이에는 감정상의 균열이 생겼다. 다음날, 함풍제는 후궁의 황후비빈과 아들 및 일부 귀족, 관료들을 데리고 원명원圓明園으로부터 출발하여 열하熱河 승덕承德의 피서산장避暑山莊으로 달아나면서 자신의 동생 공친왕恭親王 혁흔奕訢을 남겨서 청나라 정부를 대표하는 전권대사로서 영불 연합군과 담판하게 했다.

피서산장에 도착하였을 때 의귀비와 함풍제의 관계는 이미 상당히 악화되어 되었다. 한번은 길림의 장군 경순景淳이 20판의 사슴꼬리를 황제에게 바쳤는데, 황제는 명을 내려 황후와 어전 대신 및 기타 신하들에게 하사하고 남은 것은 자신이 평소에 먹기로 하였으며, 황태자의 생모인 의귀비에게는 한 점도 나누어 주지 않았으니, 이를 보면 함풍제가 그녀에 화가 나 있었던 것을 알 수 있다.

이 모양을 보고 평소 자희와 사이가 좋지 않던 숙순肅順은 이 기회에 자희를 제거하고자 생각하여 황제에게 상주했다. "의비가 이 모양으로 자기만 옳다고 여기고, 황제를 눈밖에 두고 있으니, 차라리 제거해 버리심만 못합니다. 옛날 한 무제가 일찍이 태자의 생모, 구익鉤弋부인에게 사약을 내렸거늘賜死 황제께서 어찌 같은 방법으로 의비를 징계하여 다른 사람들을 경계하시지 않으십니까?"

함풍제는 비록 자희에 대해서 불만이었으나, 일찍이 총애하던 비에 대해서 이렇게 무정한 수단을 차마 쓸 수는 없어서 결국에는 숙순의 뜻대로 하지는 않았다. 그러나 이로써 자희의 세력은 이미 전과 같지 않게 되어 함풍제의 면전에서 감히 말도 함부로 할 수 없게 되었다.

함풍제는 몸이 늘 좋지 않았는데, 열하에 이르러 다시 큰 병이 생겼다. 1861년 여름, 함풍제의 병세는 갈수록 중해져서 함풍제도 이제는 틀렸다고 보고 후사를 준비하려 했다.

어느 날 병이 고황에 이른 함풍제는 재원載垣, 경수景壽, 숙순肅淳 등 대신들과 내정왕 단화內廷王 端華를 좌우 어전으로 부르고, 군기대신

목맹穆蔭 등을 시켜서 황제의 유소遺詔*를 선포하게 했는데, 재원으로 하여금 대필하게 하였으니, 이미 함풍제가 필을 들 수 없었기 때문이었다. 유소에는 자희의 아들 재순을 태자로 세우고, 재원, 단화, 경수, 숙순, 목맹, 광원匡源, 두한杜翰, 초우영焦佑瀛 등 8인의 대신이 일체의 정무를 보좌하라고 명시되어 있었다. 또 두 개의 도장은 황후와 의귀비에게 한 개씩 보내고, 재원 등 대신들이 기초한 일체의 황제의 유지諭旨**는 모두 두 태후에게 보내서 날인 받은 다음에야 효력이 있다고 하였다. 보좌는 보좌일 뿐이니, 실제 어린 황제를 대신하여 권력을 행사하는 것은 바로 그의 생모 의귀비가 된 것이다.

함풍제의 이 조치를 보면 그가 한편으로는 재원, 단화, 숙순 등 왕공, 대신을 중용하면서 다른 한편으로는 황후와 의귀비를 통해서 재원 등의 권력을 제어하려 했음을 알 수 있다.

함풍제가 죽은 후 청조의 통치 집단은 3대 진영으로 분화되었으니, 하나는 자안, 자희 두 황태후이고, 또 하나는 영불 연합군의 지지를 받고 있는 혁흔의 무리이며, 남은 하나는 중앙의 권력을 장악하여 정무를 보좌하는 8명의 대신들이었다.

함풍제가 죽자 이 세 파벌은 바로 권력투쟁에 들어갔다.

정무를 보좌하는 8인의 대신들은 황제가 겨우 두 명의 태후와 어린 황제를 남겨 놓은 것을 보자, 황위를 찬탈할 마음이 생겨나기 시작했다. 자희는 이러한 생각을 재빨리 알아챘으나 자신의 권력 기반

----

* 황제의 유언으로서의 조서를 뜻한다.
** 황제가 내리는 지시를 말한다.

이 외롭고 약한 것을 알고 함풍제의 동생, 즉 공친왕 혁흔과 연합하여 이 8명의 권신에 대항하기로 결정했다.

그 당시 두 태후와 8명의 대신 일행은 아직 열하에 있으면서 경성에 돌아가지 않고 있었다. 형수의 밀지를 받은 혁흔은 "황제의 관을 뵙는다叩謁梓宮"는 명분으로 열하에 다다랐다. 혁흔이 열하에 온 후 자희는 그를 접견하려 했으나, 재원 등 여덟 대신이 가로 막았다. 두한은 조정의 중신들이 있는 앞에서 직설적으로 말했다.

"시동생과 형수는 원래 서로 피하고 조심해야 하는 사이인데, 하물며 선제가 막 붕어하신 마당이니 황태후로서는 상중이니 더욱 친왕을 볼 수 없습니다."

그러나 자희태후의 태도는 결연하여 태감을 수차 파견해서 자신의 뜻을 전했다.

혁흔이 한 가지 방안을 생각했으니, 그것은 대신 중의 한명인 단화를 데리고 함께 접견하는 것이었다. "당신은 내가 두 분 태후와 공모할까 걱정하고 있으니, 그러면 당신이 나와 함께 가서 옆에서 우리가 무슨 말을 하는지 들으면 될 것 아니오."

단화는 어떻게 대응해야 할지 몰라 숙순에게 그의 의견을 말해 보라 하였는데, 숙순이 웃으며 말했다. "여섯째老六, 당신은 두 분 태후와 시동생과 형수 사이로 당신네들이 만나는데, 우리가 배석해서 뭐 하겠소?" 이리하여 혁흔은 겨우 단독으로 태후를 접견할 수 있었다.

두 태후는 그를 보니, 바로 눈물 흘리면서 그들이 재원, 단화, 숙순들로부터 어떻게 무시당하고 있는지를 하소연하면서, 이 여덟 대신을 어떻게 찍어낼지를 의논하고자 했다.

혁흔은 말했다. "열하는 재원 사람들의 세력범위입니다. 그들을 제거하고자 한다면 반드시 북경으로 가셔야 합니다."

자희가 말했다. "경성은 이미 서양사람洋人들에 의해 점령되어 있는데, 그들이 반대한다면 어떻게 합니까?"

혁흔은 사정을 잘 알고 말했다. "양인들은 반대하지 않을 것입니다. 만일 조금이라도 착오가 있다면 저를 잡아 죄를 물으십시오."

이때의 밀담은 두 시간여 동안 진행되었고, 모든 것을 상의하여 정한 다음 혁흔은 열하를 떠나 밤을 새워 북경으로 돌아갔다.

10월 26일, 함풍제의 관을 열하로부터 북경으로 운구하였다. 자희는 혁흔과 미리 상의한대로 숙순과 재원, 단화를 따로 오게 하였으니, 재원과 단화는 두 황태후와 황제를 모시고 먼저 가고 숙순은 뒤에서 함풍제의 관을 호송해 오게 했다.

자희는 소로로 해서 그들보다 앞서 북경으로 돌아왔다. 여론상의 공세를 조성하기 위해서 자희는 여러 대신들로 하여금 선후로 상서하여 태후의 수렴청정을 상신하게 하였는데, 그 대신들 중에는 병부시랑 승보兵部侍郎 勝保, 대학사 가정大學士 賈楨 등이 포함되어 있었다.

자희가 북경에 도착한 후 11일 2일, 또 다시 가정, 주조배周祖培 등 몇몇 조정 중신들이 상주하여 뜻을 표했다. "신은 황태후께서 조정의 질서를 유지하고 지켜 주시길 간절히 바라는 바, 태후의 권위로 조정 대사를 요량하시어, 신들의 업무가 사람들의 믿음과 복종을 얻을 수 있도록 해 주시기 바랍니다. 신 등은 황후께서 허명만의 수렴청정이 아니라, 진정하고도 실질적으로 조정 일을 책임져 주실 것을 청원합니다."

자희는 정변의 시기가 이미 성숙했다고 보고 2개월 전에 이미 기초해 둔 유지를 발포하도록 명하였는데, 그 내용은 황제를 속이고 권력을 농단했다는 죄명으로 재원, 단화, 숙순을 해임하고, 경수, 목맹, 광원, 초우영과 기타 다섯 대신을 군기처에서 축출하여 죄상의 경중에 따라 각별로 처리하라는 것이었다.

그런 다음 자희와 자안은 함께 혁흔, 계량桂良, 주조배, 문상文祥을 불러서 접견했는데, 이때 재원과 단화는 이미 자금성 안에 와 있었으나 그들에게 무슨 일이 발생하였는지 까맣게 모르고 있었다. 그들은 혁흔 등이 궁으로 들어오려 하는 것을 보고 큰 소리로 질책하여 물었다. "너희들은 신하된 자들로서 어찌 함부로 태후의 궁전에 쳐들어 올 수 있단 말인가?"

혁흔이 말했다. "태후께서 우리를 불렀소이다."

재원, 단아가 무섭게 말했다. "태후도 신하를 접견해서는 안 되는 법이니, 들어올 수 없다!"

혁흔 등은 다른 수가 없어 우선 물러날 수밖에 없었다.

잠시 후 태감이 유지를 한통 가지고와 혁흔에게 읽어 선포하게 했다. 혁흔은 천천히 유지를 펴더니 읽어 내려갔다. "공친왕 혁흔, 계량, 주조배, 문상 등은 황명을 받들라. 황제의 뜻을 전하노니, 재원, 단화, 숙순을 즉시 파직하고 조사하여 죄를 물을 수 있도록 압송할 것이며, 종인부宗人府와 한림원翰林院 등은 함께 심문조사하고, 출병하여 그 죄를 묻도록 하라."

혁흔이 다 읽기도 전에 재원과 단화는 얼굴색이 변하면서 무섭게 물었다. "우리가 아직 조정에 들어가지도 않았는데, 이 유지가 어디서 왔단 말인가?" 혁흔은 더 이상 그들을 개의치 않고 대성일갈했다. "여봐라, 이 두 사람을 체포하라!"

재원과 단화는 여전히 태도를 바꾸지 않고 겁내지도 않으면서 말했다. "어느 놈이 감히!" 이때 신체 건장한 두 시위 무사가 나서서 그들 머리에 단 화령花翎*을 떼버리고 끌어내어서 종인부에 보내 감금했다.

이때 숙순은 함풍제의 시신을 호송하여 밀운密雲에 막 도착하였는데, 자희가 그를 체포하도록 혁흔을 파견했다. 혁흔은 밤을 새워 밀운으로 달려가 전광석화와 같이 아무도 모르는 사이에 숙순이 머무는 행관行館을 포위했다.

숙순은 한참 잠을 자다가 홀연히 문밖이 소란한 것을 듣고 사람을 부르려던 차에 누군가 문을 발로 차 열더니 혁흔이 일군의 사람들을 데리고 밀쳐 들어와 숙순을 그 숙소에서 잡았다.

숙순은 대노하여 고함쳤다. "네놈이 무슨 근거로 나를 잡는 거냐?"

혁흔이 말했다. "황명을 받들어 당신을 체포한다."

숙순이 말했다. "나는 선제가 친히 봉한 정무보좌대신으로 아직 파직 당한 바 없는데 먼저 잡아 죄를 묻다니, 천하에 기괴한 일도 다

---

* 청대에 황족 또는 고관들에게 하사한 모자 위에 드리우는 공작의 깃털. 그 수가 몇 개에 이르면 극히 높은 직위를 뜻하며 강희제 시절 제상의 경우 3개까지 있었다.

있군!"

혁흔이 냉랭하게 말했다. "이미 황명으로 너를 잡아 죄를 묻는 것이니 파직하는 것은 당연하지. 실없는 소리 작작 하라."

북경으로 돌아가자, 숙순은 즉시 종인부로 압송되어 그곳에서 재원, 단화를 만나게 되었다. 숙순은 그들을 대하고 놀라 눈을 둥그렇게 뜨며 말했다. "일찍이 내 말을 들었다면 우리에게 오늘 같은 일이 있었을까?"

재원과 단화는 탄식하며 말했다. "일이 이미 이 지경이 되었는데, 그걸 다시 말한들 무슨 소용이 있겠나?" 원래, 재원 등도 거사할 계획을 했는데, 자희가 북경으로 돌아오자마자 정변을 일으키는 바람에 손쓸 틈이 없었고 그래서 한 명, 한 명 속수무책으로 묶인 것이다.

최후에는 숙순, 재원 및 단화는 죽음에 처해지고, 나머지 다섯 대신들은 파직되어 변방으로 유배되었다. 숙순은 조사 받으면서 그래도 집요하게 물었다. "새로운 황제가 아직 제위에 오르지도 않았는데 나를 잡아들이라는 황명은 도대체 누구의 인장을 찍은 것이냐?" 심문을 주재하던 종정宗正이 대답했다. "사용된 인장은 동, 서 양 궁宮에 계신 태후의 대인大印이요."

숙순은 발을 구르며 탄식했다. "망했네, 다 끝났어! 대단한 서태후여!"

심문이 끝난 후, 옆에 있던 관리가 그들이 공술한 내용을 가져와 그들에게 서명하게 하자 재원과 단화는 서로 쳐다보며 망설이고 미루어 감히 필을 움직이지 못하였으니, 서명, 날인을 한다면 바로 죄를 인정하는 것이었기 때문이다.

숙순이 탄식했다. "인정하면 죽음이요, 인정을 하지 않아도 죽음인데 너희들은 아직도 살기를 바라는가?" 말을 마치더니, 시원스럽게 서명했다. 모두 서명한 후 종인부에서는 숙순은 새벽에 사형에 처하고, 재원과 단화는 자진하도록 했다. 그러나 자희는 일을 오래 끌면 변고가 생길까夜長夢多 걱정하여 종인부로 하여금 숙순을 즉시 참수하도록 했다.

정변이 지난 후 자희는 공을 세운 신하들에게 상을 내렸으니, 혁흔은 의정왕에 임명되고, 계량과 문상도 군기대신으로 임명되어 청조 통치 집단의 핵심인물이 되었다.

일장의 흉흉했던 권력쟁탈의 대전大戰은 이렇게 끝났으니, 자희와 혁흔의 철저한 승리로 막을 내린 것이다. 총명한 자희는 다른 사람과의 연합을 통하여 반대파를 숙청하고, 이어서 제1차 수렴청정을 시작하였다.

이차 수렴청정 : 二次垂簾

자희가 수렴청정할 때 동치제는 아직 어려서 겨우 몇 살에 불과했다. 수렴청정을 마치고 동치에게 친정을 하도록 정권을 돌려주기까지, 자희는 십여 년을 집권했다. 동치 11년 9월 15일(서기 1872년 10월 16일), 자희는 마침내 17세의 아들 재순을 위해 결혼식을 올려주었다.

17세에 결혼한다는 것은 청조의 황제로 말한다면 만혼晩婚에 속했다. 청조의 황제 중 순치제가 14세에 결혼했고, 강희제가 13세에 결혼했으며, 다른 황제들도 결혼연령이 대부분 14, 15세였다. 결혼은 곧 어른이 되었다는 것을 뜻하므로 친히 대권을 장악할 필요가 있다는 것이었다. 권력을 목숨만큼이나 좋아했던 자희가 어디 손에 들어온 권력을 놓고 싶어 할쏘냐? 그녀는 동치제의 결혼식을 계속 미루다가 그가 17세가 되어서야 결혼식을 올려주면서 정권을 황제에게 돌려주었던 것이다. 그런데 기구한 운명의 동치제는 오랫동안 황제의 영화를 누리지 못하고 2년 후 병사하였으니, 청조의 황제 중 가장 수명이 짧았던 사람이었다.

동치황제가 죽은 그날 밤 8시, 자희와 자안은 양심전養心殿 서난각西暖閣에서 긴급히 친왕, 패륵貝勒,* 어전 대신, 군기대신 등을 소집하여 후계 황제 문제를 의논했다.

자희는 대신들이 다 온 것을 보고 눈물을 닦으며 말했다. "나는 함풍제가 세상을 버리시고, 동치제가 성인이 되어 친히 제위를 계승하는 것을 보고 이제 막 한숨 놓게 되었는데, 겨우 19세밖에 안된 그가 또 다시 나를 버리고 갈 줄은 누가 상상이나 했겠는가. 함풍제가 돌아가시던 때 내 비록 매우 비통했으나 그래도 목종穆宗이 있어서 의지가 되었는데, 지금 나는 일점 희망도 없다." 말을 마치고는 다시 통곡하기 시작했다.

----

* 청나라 종실 및 몽고의 번에 수여된 직명, 지위는 군왕(君王)의 아래이고, 패자(貝子)의 위였다.

얼마가 지나 평온을 찾은 다음 자희는 다시 말했다. "이제 수렴청정 하는 일에 대해 의논해 봅시다."

순간 대신들은 의구심을 금치 못하여 의론이 분분하였다. "이번에 태후가 우리를 소집한 것은 후사를 세우는 문제를 상의하시려는 것이 아니었단 말인가? 어찌하여 시작하자마자 수렴청정부터 꺼내시는가?" 그리하여 누군가가 의당 후사를 세우는 문제부터 해결해야 한다고 생각한다면서 바로 문제를 제기했다.

자희는 늦지도 빠르지도 않게 말했다. "목종이 아들이 없고, 돌아가실 때도 아직 젊은 나이였으니, 나이가 많은 황위 계승자를 세운다면 틀림없이 불쾌해 하실 것입니다. 그러니 젊은 사람을 골라 세우기로 하지요. 내가 자안慈安 태후와 상의하여 한 사람을 선정했는데 오늘 저녁 여러분에게 공표하리다. 다시 바뀌지 않을 것이니 잘 들으시오."

자희는 수수께끼의 답을 내놓았다. "순친왕醇親王 혁현奕譞의 아들이 황위계승자로 대통을 잇게 됨을 선포하노라"

이 사람이 바로 후일의 광서제光緖帝인 재첩載湉이었다. 자희가 재첩을 선택한 이유는 아주 간단했다. 겨우 4세인 재첩이 친정을 하기까지는 앞으로 10여 년의 세월이 필요하며, 그때까지는 자희가 여전히 수렴청정 할 수 있기 때문이었다. 게다가 재첩의 부친은 함풍제의 동생이고, 모친은 자희의 동생이니, 혈연이나 친척의 정리로 보더라도 다른 후보들이 모두 이와 비교될 수 없었다. 권력을 좋아하기를 생명같이 하던 자희의 성정에 미루어 생각해본다면, 이와 같은 선택은 당연히 예상되는 것이었으니, 크게 놀랄 일도 아니었다.

당시 '재載'자 항렬의 황실 사람으로 성년에 접근한 사람으로는 재징載澂과 재형載瀅이 있었으나, 그들 중에 사람을 골라 황위를 계승시킨다면, 그가 황위를 계승하는 동시에 바로 친정親政을 할 수 있게 됨을 뜻하는 것이었다.

그럴 경우 자희는 도저히 친정을 할 수 없는 것이었다. 게다가 그들의 아버지 혁소奕訴는 자희의 통제에서 벗어나기에 위해 일을 꾸미고 있었다. 따라서 자희로서는 이들 형제를 선택할 수 없는 일이었다.

그 자리에 있던 사람들은 자희의 결정을 듣고 놀라 마지않았다. 순친왕은 더욱 놀랐는데, 그도 자희의 속내를 당연히 잘 알고 있었지만 그 액운이 바로 자기 머리 위에 떨어질 줄은 생각도 못했으니 그의 아들은 이제 겨우 4살이었던 것이다.

순친왕은 감정이 북받쳐 잠시 통곡하더니, 바로 옆에 있던 기둥에 머리를 받아 버렸다. 선혈이 쏟아지면서 순친왕은 졸도해 버리고, 현장은 잠시 대 혼란에 빠졌다.

순친왕 혁현은 이 결정이 자신에게는 아마도 횡액으로 다가올 것임을 분명하게 감지했다.

지금부터 사랑하는 아들은 집을 떠나야 하며, 자신의 보호와 애정 어린 관심을 받을 수 없고 동치제同治帝와 마찬가지로 자희가 조종하는 권력의 도구가 되어 그녀의 손아귀 안의 노리개가 되고 말 것이었다. 자신은 비록 황제의 아버지라 하나, 아들에게 군신의 예를 갖춰야 한다. 더욱 두려운 것은 그의 언행을 만인이 주목할 것이고 자희도 특별히 감시하게 될 것이니, 장차 자신은 어찌해야 할 것인가?

자희의 결정이 워낙 강경과감하여 서난각西暖閣 회의에 참가한 대신들이 감히 반대하지 못한데다가, 혁현이 돌연히 혼절하는 등 혼란으로 인해 서난각 회의는 그대로 총총히 끝나고 말았다.

자희의 지휘 아래 일부 대신들이 동치제의 '유지'를 날조하는 등 새 황제 즉위를 위한 준비를 하고, 일부 대신들은 새로운 황제의 입궁을 준비했다.

때는 이미 밤 9시가 넘어서 밖에는 광풍이 노호하고 흙먼지가 날리는, 실로 냉기가 도는 음침한 밤이었다. 그러나 자희에게는 긴요한 시기였으니, 그녀는 잠시라도 시간을 지체하지 않고 바로 일군의 인마를 서성西城 순왕부醇王府로 보내어 어린 황제를 모셔 오게 했다.

잠에서 덜깬 4살도 안된 재첩이 자신이 스스로 몸 한번 흔들어 대청의 황제가 된 줄 어찌 알았겠는가? 그는 울고 소리치며, 낯익은 왕부와 자신을 무한히 사랑하며 살펴주던 부모 곁을 떠났다. 황제를 모신 인마는 삭풍을 뚫고 긴긴 밤 동안 멀고 먼 길을 황급하게 달려서 자금성으로 갔다.

황궁이 온통 동치제의 장례를 준비하고 신황제의 즉위식을 준비할 때, 자희도 스스로 연출하고 주연까지 한 "제2차 수렴청정"의 고삐를 죄어 갔다.

12월 9일 자희는 그 이듬해(서기 1875년)를 광서光緒 원년으로 선포하였는바, 광서가 뜻하는 바는 도광道光*으로부터 이어받은 유업道光之緒이라는 것으로 곧 도광으로부터 전해 내려진 황위皇位라는 뜻이었다.

광서 원년(서기 1875년) 1월 2일에 광서제의 등극 행사가 성대하게 거행되었으며, 이렇게 해서 재첨은 청조 역사상 제10대, 제11위의 황제가 되었다. 왜 제10대이면서 열한 번째 황제가 되었는가 하면 재첨이 비록 동치제를 이어 황위를 이어받았지만, 재순(함풍제)의 동생이란 신분으로 계승하였으므로 제10대에 두 황제가 있게 되었기 때문이다.

이리하여 자희가 고심하여 설계한, 온갖 어려움을 안고 경영하게 될 제2차 수렴청정의 막이 서서히 올라갔다. 조정 일에 익숙하지 않아 더듬더듬 헤쳐 나가던 첫 번째 수렴청정에 비하면 자희의 제2회 수렴청정은 한결 여유로웠다고 할 수 있다. 그녀가 염두에 둔 것은 어린 황제를 어떻게든 자기 말만 듣는 괴뢰로 잘 다듬어 자신이 오래도록 권력의 금자탑** 꼭대기에 앉아 있는 것이었다.

소년 광서 : 少年光緒

광서 원년 정월 12일(1875년 2월 25일), 4세의 광서는 태화전太和殿에서 정식으로 즉위했다. 이날부터 광서는 자희의 손아귀에 잡힌 채, 혹은 권력투쟁의 이기로 더러는 위엄을 과시하는 권력의 지팡이로 사용되었다. 더 심한 경우에는 그녀가 일을 처리함에 있어서 불가결

---
* 선종(宣宗)의 연호(1821~1850)를 말한다.
** 피라밋을 뜻한다.

한 도구 또는 마음대로 갖고 노는 인형이 되었다. 이는 자희의 전제 정치를 위해 당연히 필요한 것이었다.

궁에 들어온 후 광서는 고독한 가운데 홀로 자랐으며, 자희는 그를 정신적으로 위로하며 살피는 등 그와 감성적인 교류를 하지 않았으며 그의 생활에 관심을 가지는 일이 없었다.

광서가 어릴 때부터 마주한 것은 자희의 서리처럼 얼어붙은 차디찬 얼굴과 깜짝깜짝 놀라도록 꾸짖으며 몰아붙이는 듯한 눈빛이며 엄한 질책, 그리고 엄격한 감독과 단속 등이었다. 말만 했다 하면 "사람이 제대로 되려면 함부로 방종해서는 안 되고, 함부로 방종하면 사람이 제대로 되지 않는다成人不自在, 自在不成人."는 식이었다. 재첩을 자기 마음에 드는 도구로 만들기 위해서 자희는 평소 그의 일상생활에 대해 거의 관심을 갖지 않으면서도 정상인으로서는 견디기 힘든 압력을 가했다. 어머니의 사랑이 미치지 못하는데다가, 찬밥을 먹는지 더운밥을 먹는지 살피는 사람도 없고, 뭘 해야 하며, 뭘 하지 말아야 하는지에 대해서도 누구 한 사람 나서서 가르쳐 주는 사람이 없었다. 오랫동안 아무런 도움 없이 고독하게 지낸 광서제는 어린이로서의 즐거움과 자유가 없었으니, 어릴 때부터 억눌린 심정으로 정신이 상쾌하지 않고 신체가 극히 쇠약해져 병고에 시달릴 수밖에 없었는데, 이는 이후 그의 정신 및 신체 상태에 직접적인 영향을 주게 된다.

청조 황실 규정에 따르면, 황자는 6세에 취학해야 했다. 어린 광서는 이때 집 나이로는 6세였으나 만으로는 이제 4세 반이었다. 이렇게 무작정 취학한 광서는 환경도, 선생도, 학우도 모든 것이 낯설고 몸에 배이지 않은 것들이었다. 그리하여 그는 책 읽기를 싫어하며, 울고, 소란을 피우며, 성질을 부리니, 선생들이 아무리 달래도 안 되어 광서의 아버지를 불러올 수밖에 없었다. 순친왕 혁현은 이때 이미 모든 직무를 사직하였던지라, 궁에 들어와 어린 황제를 돌보는 것만을 전담하게 되었다. 얼마간의 시간이 지나자 어린 황제는 차츰 책을 읽는 것이 몸에 배이고, 그의 스승 옹동화翁同龢와도 갈수록 돈독한 관계가 형성되면서 열심히 공부하기 시작했다. 그위에 천부적으로 총명하여서 아주 빨리 글을 배우고, 시를 지으며, 뒤에는 문장도 썩 잘 했으니 이는 자희를 매우 기쁘게 하였다.

당시 광서의 스승 옹동화는 대학사大學士 옹심존翁心存의 아들로, 어릴 때부터 재주가 남달랐으며, 26세에 장원급제하여 일찍이 동치제의 스승으로도 10년간 봉직하였다. 옹동서는 광서제의 스승이 된 후 그와 감정적으로 깊고 두터운 관계를 가지게 되었다. 이것은 그의 재주와 학문이 어린 광서제로 하여금 마음으로부터 존경심을 갖게 한 것도 있지만, 더 중요한 요인은 그의 이 어린 황제에 대한 관심과 애정이 아무런 도움 없이 혼자 외로이 지내던 그에게 영혼의 위안과 의지가 되어 주었기 때문이었다.

옹동화는 광서제의 사부가 된 후, 이 가련한 황제에게 자신의 연민과 사랑을 흠뻑 쏟아 부었다. 그는 가르침에 있어서 세심하게 마음을 쓰면서 번거로움을 마다 않고 광서를 깨우치고 지도했을 뿐 아니라, 생활에 있어서도 아무리 작은 것이라도 일일이 챙겨주면서 광서제의 마음속 번뇌를 해소시켜 주었다.

광서가 6세이던 이때 자희가 병이 나니, 광서의 생활은 더욱 아무도 살펴보는 이가 없었다. 태감들이 때로는 그로 하여금 스스로 알아서 하게 했으니, 광서제는 스스로 침구를 깔고 잠자리를 챙기다가 손가락에 피가 나기도 하고, 스스로 물을 따르다가 손이 데어서 물집이 생기기도 하였다. 옹동화가 이 일을 안 후 대노하여 크게 꾸짖었다.
"이런 미천한 것들이 천지를 모르다니!"

옹동화의 일거수일투족은 광서제의 마음과 영혼에 깊은 인상을 남겼으니, 아무도 돌보지 않는 고독한 어린 황제는 자신을 보호하는 그를 신처럼 의지했다. 광서제는 늘 배가 아파서 밥을 먹고 싶지 않은 때도 많아 주린 배를 안고 학관에 이르러 책을 읽었지만, 태감은 자희에게 보고하지 않았고, 옹동화에게도 설명하지 아니하였다. 이리하여 광서제는 늘 혈당이 심히 저하되어 몸을 버티지 못하는 현상이 나타나곤 했다. 이런 일이 일어날 때마다 옹동화는 태감을 찾아서 따지고, 광서제의 버팀목이 되어 주었다. 스승이 아이들 마음속의 자질구레한 불안을 해소해 주는 것은 극히 일상적인 일이지만, 광서제의 마음속에 옹동화는 한없이 인자하고, 공정하며, 위대하였으니 스승이 마음의 의지가 된 것이었다. 시간이 흐름에 따라 광서는 점점 더 심적으로 옹동서를 부친과 같이 의지하고 따르게 되었다. 스승이 그에게 열심히 공부하라고 하면 그는 그 말대로 따랐고, 또 스승을 기쁘게 하여 스승을 영원히 자신의 곁에 있게 하고자 했다.

한번은 옹동화가 집안에 일이 있어, 자희에게 고향에 돌아가 집안일을 좀 처리하겠다고 휴가를 청했다. 광서제는 자희로부터 이 소식을 듣고는 너무 실망하여 하루 종일 마음이 불안하고, 기분이 가라앉아 있었다. 원래 그 다음 날 수업이 없었지만 그는 여전히 그 다음 날에도 수업할 것을 명하여 스승을 못 떠나게 하고자 했으나, 그래도 스승은 떠났다.

옹동화가 없는 두 달 동안 광서제는 공부할 기분이 아니어서 책 읽는 횟수도 적어졌을 뿐 아니라, 책 읽는 소리조차 내지 않았다. 하루 종일 공부방에서 멍하니 있거나, 아니면 문을 열고 스승이 갑자기 눈앞에 나타나지는 않나 내다보는 것이 하는 일의 전부였다.

드디어 옹동화가 돌아왔다. 이날 광서제는 일찍 공부방에 나가서 스승을 보자마자 그에게로 달려가서 그의 손을 잡아끌면서 눈에는 행복한 눈물을 머금고 목이 메어 말했다. "스승님, 왜 이제 왔어요? 나 얼마나 기다렸는데?" 말을 마치고는 눈물을 흘렸다.

옹동화도 늙은 눈에 눈물이 쏟아지는 것을 어쩌지 못했다. "폐하, 저도 무척 보고 싶었습니다."

이날 광서제는 신이 나고 기운이 넘쳐서 큰 소리로 책을 읽었다. 어린 광서는 어린이의 본능적인 순진함으로 스승이 돌아온 것에 대한 행복감을 표현하면서도 한편으로서는 자신의 이 특별한 표현으로 인하여 아무런 보살핌과 따뜻한 정도 없는 깊고 깊은 자금성에 자기 혼자만 고독하게 버려두지 않게 하려 했던 것이다.

공부방의 태감도 어린이의 순진함에 감동하여 옹동화에게 가만히 말했다. "폐하께서는 오랫동안 이렇게 열심히 공부하신 적이 없습니다." 이때 광서제의 나이가 겨우 7세였다.

황제가 된지 8년이 지나, 즉 광서제가 12세가 되었을 때 광서제에게 있어 공부방에서 책을 보며 공부하는 것은 이미 습관이 되어 그곳은 그가 즐겨 찾는 의지처이며, 정신의 위안을 받는 낙원이 되었다. 궁중에 명절이며, 경사스런 축제가 있을 때면 자희는 희곡을 보는 것을 좋아했지만, 광서제는 그런 일에 관심이 없어 늘 혼자서 공부방으로 숨어들어 책을 읽고, 글을 썼으니 자희도 그가 학문을 좋아한다면서 칭찬했다.

소년 광서는 이렇게 늙은 옹동화의 비호 아래, 고난스런 어린 시절을 지냈다.

자안의 죽음 : 慈安之死

광서 7년(서기 1881년) 3월, 언제나 건강하던 자안황태후가 돌연히 사망했다. 이 관후온화하고 다툴 줄 모르는 태후가 어찌하여 하루 사이에 어떤 조짐도 없이 죽었단 말인가? 청조 관가에서 공식적으로 말하는 것은 자안태후가 일반적인 병으로 죽었다는 것이지만, 자안태후는 만년에도 매우 건강하였으며, 우연히 감기에 좀 걸린 것 외에는 어떤 큰 병도 앓지 않았었다. 그러면 자안의 진정한 사인은 무엇인가? 이 일은 자희가 가장 아끼는 태감 안덕해安德海로부터 이야기해야 하리라.

안덕해는 청조의 직예성 남피현直隷省 南皮縣에서 태어났는데, 이 지방에서는 태감이 특별히 많이 배출되었다. 안덕해는 어릴 때 태감이 되어 출세한 고향 선배들을 매우 부러워했고, 그래서 어른이 된 후에는 스스로 자신을 거세하고 궁으로 들어와 태감이 되었다. 안덕해는 책도 좀 읽었던 데다가, 상대방의 말과 안색을 살펴서 그 의중을 헤아리고 아첨하는 데 능하여 마지막에는 자희태후의 신임을 얻어 총괄태감總管太監이 되었다.

안덕해는 총괄태감이 된 후 매일 자희태후를 성심성의껏 모셔서 자희가 그를 매우 좋아하였다. 안덕해는 자희태후의 총애를 받자 밖에서 매관매직을 했다. 게다가 숙순肅順을 주살하고, 혁흔奕訢의 의정왕議政王의 봉호를 삭탈하는 두 사건에서도 안덕해는 공을 세운 바 있어 그의 권력은 갈수록 커졌다.

매일 같이 궁에 있으려니 안덕해도 조금 갑갑해서, 경성을 떠나 한바탕 유람해 볼 생각을 했다. 이때가 궁에서 동치제의 결혼식을 준비하던 때였는데, 안덕해는 강남에 가서 황제와 황후가 입을 의상을 마련한다는 구실로 자희를 설득하여 궁을 떠나 남쪽으로 갔다.

안덕해의 선대船隊는 직예현에서부터 남하하여 산동까지 가면서 크게 깃발을 올리고 북을 울리어 그 기세가 한껏 요란했던바, 앞에는 미소년을 세우고, 뒤에는 미녀를 따르게 하며 피리를 불고 금을 뜯으니品竹調絲 그 은은함이 끝이 없었다. 현지의 관원들은 자희가 총애하는 태감 안덕해가 왔다고 하니, 비록 조종의 규범에는 맞지 않은 줄 알지만 한눈 질끈 감고 그들을 통과시켰다. 그러나 산동 덕주山東 德州에 도착했을 때 산동 순무巡撫 정보정鄭寶楨은 그것을 그냥 보아 넘기지 못했다.

  그는 동창東昌, 제령濟寧의 각 부와 현에 공문을 보내 이를 추격하여 나포하라고 하고, 한편으로는 비밀상주문을 서서 800리 밖 경성으로 보내되, 우선 공왕恭王 관저로 보내 그로 하여금 대신 조정에 상주해 주도록 부탁했다.

  공친왕 혁흔은 안덕해와 이전부터 사이가 좋지 않은지라 정보정의 이 상주문을 받자 바로 입궁하여 태후를 접견하고자 했다. 때마침 자희태후는 희곡을 보는 중이라 이 사정을 알지 못했고, 혁흔은 이 상주문을 자안 태후에게 올렸다.

  자안은 한번 보더니, 말했다. "작은 일인데 법대로 해야 하지만, 내 서태후와 한번 상의할 필요는 있네."

  공친왕이 급히 말했다. "안덕해는 조종의 법을 어기고 함부로 경성을 떠났으니, 그 죄 용서할 수 없습니다. 즉시 정보정으로 하여금 잡아들여 법을 세우도록 명하심이 가하다 할 것입니다."

  자안태후는 한참을 망설이더니 말했다. "서태후는 이런 작은 일을 제일 문제 삼는데 내가 엄히 처리하라고 지시한다면 장차 서태후가 반드시 이를 곱씹으며 나를 원망할 테니 내가 처리하기가 편치 않구나."

  공친왕이 말했다. "조종의 규범에 따라 안덕해의 죄를 논하는 것이니, 서태후께서도 위배할 수 없는 일입니다. 조종의 규범이 있는 이상 안덕해는 엄벌에 처해져야 하니 태후께서 빨리 결정해 주십시오. 서태후께서 동의하지 않으신다면 저와 대신들이 마마를 대신하여 설명드릴 것입니다."

자안태후가 말했다. "정히 그렇다면, 군기처軍機處로 하여금 황명을 기초하여 산동으로 보내게 해요!"

그리하여 혁흔은 신속히 황제의 명령서를 만들어 바로 산동으로 보냈다.

정보정은 황제의 밀명을 받은 후 바로 사람을 보내 안덕해를 잡아온 후 즉시 참수해 버렸다.

이 사실을 자희는 안덕해가 죽은 후에야 알았다. 그녀는 분하기도 하고 원망스럽기도 하였으니, 이때부터 자안에 대해서 가슴 깊이 앙심을 품게 되었다.

속담에도 말하기를 개를 때리더라도 주인이 누군지 보라고 했는데, 안덕해가 이왕 자희가 가장 총애하는 태감인 이상 그 주인의 체면을 봐서 다른 사람들은 안덕해를 높이 봐주고, 그에게는 한 수 접어주어야 했던 것이다. 그런데 자안은 놀랍게도 자희가 알지도 못한 사이에 그녀가 신변에 두고 총애하던 안덕해를 죽여 버렸으니 정말로 간이 배 밖에 나온 처사였다.

그러나 자희도 일개 내시 때문에 나서서 자안을 해할 수는 없는 일이었다.

자희로 하여금 자안에 대해 앙심을 품고 독수를 쓰고자 하는 유혹을 느끼게 한 것은 함풍제가 남긴 한 통의 지령이었다.

함풍제는 임종 시 자희가 자신의 분수를 지키지 못하고 과도하게 행동할 것을 염려하여 자안황후에게 한통의 밀지를 주면서 자희의 권력을 억제하게 했다. 즉, 만약 자희가 상궤를 벗어나는 행태를 보이면 이 유서를 내 보이고, 그녀를 죽이라는 것이었다.

2차 수렴청정 때 자안은 나이도 많고 정사에 관여하고 싶지 않아서 어떤 때는 수렴섭정하러 조정에 나오지도 않았으니, 자희는 더욱 멋대로 하였다. 그녀는 혼자 대신들을 소집하고 어떤 일은 놀랍게도 자안에게 다시 알리지도 않았으니, 자안도 내심 유쾌하지 못했다.

광서 7년에 일어난 한 사건으로 자안은 자희에 대해 더욱 걱정하게 되었다. 이 해에 자희가 돌연히 중병에 걸려서 중의든 양의든 유명한 의사를 모두 찾았으나 효과가 없었는데, 유독 설복성薛福成의 형 설복신薛福辰만이 태후를 진맥하고 원인을 찾아내어 완쾌되도록 치료했다. 자안은 후일 설복신이 처방한 약이 바로 산후조리 및 보양약인 것을 알고 자희가 상궤를 벗어난 사정을 감지하여 황실의 체통을 지키도록 그녀에게 권할 생각을 했다.

자안은 지성이면 감천이라 믿고 몇 년간 모든 걸 받아들이고 양보하였더니 자희도 어쨌든 감동하였는지 예로 대했다. 이왕 이렇게 되었으니, 속 시원히 처리하여 그녀를 더더욱 크게 감동시키는 것이 차라리 낫다고 자안은 생각하였다.

그리하여 어느 하루 자안은 자희의 중병 쾌유를 축하한다고 궁에서 크게 잔치를 열었을 때 틈을 봐서 자희와 옛날이야기부터 시작했다. 숙순 등을 제거하고, 동치 10여 년간 수렴청정하던 일을 이야기하면서 두 사람 모두 감개무량했다. 특히 자희는 그동안의 온갖 풍상 세월을 떠올리고는 저도 모르게 눈물을 흘렸다.

자안은 자희가 진심으로 회개하는 마음을 가진 것으로 보고 자희의 손을 잡고 말했다. "자매와 내가 이제 모두 반백을 넘겼으니, 언제 선제를 보러 갈지 몰라. 다행히도 지난 20년간 우리는 한마음으로 서로 도울 수 있었어. 여기까지 왔으니, 내 자매에게 숨기지 않고 말할게. 선제가 돌아가시기 전에 나에게 뭘 남겼는데, 자매에 관한 것이나 이제는 아무런 소용이 없을 것 같애. 이 일을 떠들어서 밖으로 새어나가게 할 필요는 없어. 다른 사람들이 우리 자매가 겉으로는 화목하면서 돌아서서 암투하고 서로 질투한다고 의심하면 안 되니까." 말을 마치고는 소매 안에서 함풍제가 준 유조遺詔를 꺼내어 자희에게 보여 주었다.

자희가 보고는 한동안 안색이 변하더니 참괴하여 어쩔 줄을 몰라 했다. 자안은 자희가 성심으로 회개하는 것을 보고 유조를 촛불에 태워 버렸다. 자희는 창피하기도 하고, 분하기도 하여 겉으로는 감격해 마지않는 듯 눈물을 흘렸지만, 마음속으로는 환호했다. 이후 얼마간 자희는 자안에게 지극히 공경하게 대하여, 자안은 자신이 좋은 말로 타이른 것이 효과를 봤다고 생각했으나 누가 알았으랴. 자희는 이미 흉악한 뜻을 품었으니!

자희는 평생을 다투고 이기기를 좋아해 왔는데, 자신의 이런 결점이 다른 사람의 수중에 남겨져 있는 지금, 어디 기꺼이 손 털고 감지덕지 받아들이려 하겠는가? 물건을 망가뜨렸으되 이로써 다른 사람이 마음으로부터 자신을 가볍게 보게 할 수는 없다는 심산이었던 것이었다. 수십 년을 함께 지내왔는데, 매일매일 만나면서 보기만 하면 바로 이일이 생각나 까닭 없이 스스로 왜소해지는 것이었다. 마치 부정을 저지른 여편네로서 남편이 비록 도량이 넓어 관대하게 용서하고 다시 추궁하지 않을 뿐 아니라 좋은 말로 위로하기까지 하였지만, 스스로는 두고두고 죄책감을 버리지 못하고 일평생 그에게 죄진 마음을 갖는 동시에 혹시라도 이 일이 폭로되어 남편에게 누가 될까 봐 소리를 낮추고 숨을 죽이며 온갖 희로애락에도 이를 마음에 새겨 두고 있어야 하는 것과 같았다. 이 일을 두고 앞으로 어떻게 지낼 것인가?

5, 6일을 계속하여 자희는 잠을 자도 편하지 않고 먹어도 맛이 없었다. 태의가 와서 진맥하고 약을 처방했지만 먹고 나도 아무 효과가 없었다. 이는 마음의 병인데 어디 약으로 치료할 수 있을 것인가?

어느 날 자안 태후는 낮잠을 자고 나서 정원에 나가 걷고자 했다. 이때 태감 이옥화李玉和가 와서 말했다. "보고합니다. 장춘궁長春宮에서 먹을 것을 보내오셨는데 그냥 받아 둘까요, 아니면 한번 보시겠습니까?"

자안 태후는 간식을 좋아해서 낮잠에서 깬 터라 막 먹으려던 참이었으므로 기쁘게 말했다. "어디 가져와 봐, 내가 보게."

보내온 것은 10개 정도의 아주 맑고 선명한 장미 빛이 도는 찐빵이었다. 자안 태후는 먹고 매우 좋아했는데, 누가 알았으랴! 저녁 식사 때가 되기도 전에 자안 태후는 몸이 불편해졌는데, 처음에는 두통이 심하더니, 바로 팔다리가 오그라드는 모양새가 되었다. 태감 이옥화는 크게 놀라, 경사방敬事房에 통지하여 어의를 불러 진맥하게 하고 장춘궁에 가서 자희태후에게 이를 보고했다. 그런데 천만 뜻밖에도 자희는 어의가 도착하기도 전에 상喪을 치르도록 지시하는 것이었다.

이렇게 해서 자희는 뱃속의 화근心腹大患을 잘라 냈으니 안덕해 사건에 대한 앙갚음을 한 동시에 자신이 권력을 전횡해 나가는 앞길을 청소한 것이었다. 자안이 비록 성정이 평화롭고 마음이 맑고 욕심이 없어 정치에도 거의 관여하지 않지만, 그럼에도 불구하고 자안의 존재는 그 자체로서 자희가 권력을 농단함에는 거대한 위협이 되었던 것이었다. 자안이 죽자, 정권은 오로지 서궁으로 돌아가니 자희는 유아독존으로 국정을 전관하여 거리낄 것이 없었다. 이때부터 두 황태후의 섭정은 한 사람만의 것으로 변했다—宮獨尊.

자희와 진비 : 慈禧與珍妃

광서光緖는 17세에 친히 집정하기 시작했다. 오래지 않아 자희는 광서에게 몇 명의 만족滿族 여자를 후비로 골라 주었는데, 광서는 그중 진비珍妃를 가장 좋아했다.

진비는 총명영리하며 성격이 명랑했다. 후궁의 비빈들은 많은 예법을 지켜야 했는데 예를 들면 새해를 맞거나, 명절이나 큰 행사 때에 황후는 치파오旗袍*를 입고 화분바닥인 신발을 신고 정丁자 걸음을

---

* 만주족에서부터 시작된 중국 여인들의 전통 의상. 원피스 형식이며, 옆이 트여있다.

걸으면서 한 걸음 내디딜 때마다 머리를 바닥에 대며 절해야 했다. 머리를 조아리면서 절할 때도 머리 장식이나 귀걸이가 두드러지게 흔들려서는 안 되는 등 법도가 있었다. 황후는 아무리 배워도 이를 할 수 없었는데, 진비는 한 번 배우더니 바로 터득하여 해내었으므로 큰 행사 때에는 늘 진비가 황후를 대신하였다.

후궁에서는 늘 서예를 수련했는데, 보통 사람은 붓 한 개 들고 잘 쓰면 그걸로 충분했는데, 진비는 오른손과 왼손에 각 한 개의 붓을 들고 동시에 써서 아름다운 매화를 그리거나 글을 썼다.

이리하여 그녀는 황제의 총애를 받았다. 막 궁에 들어왔을 때 얼마 동안은 그녀도 자희의 환심을 사서 자희는 그녀를 칭찬하여 말하기를 "후궁에서 가장 나를 닮은 것이 진비야."라고 말했었다.

그러나 뒤에는 진비가 점차 새로운 것에 대한 호기심을 드러내고 예법에 얽매이지 않은 것을 보고, 자희가 싫어하게 되었다.

청조 말 사진술이 중국에 전래되었는데, 10대였던 진비는 바로 이에 빠져 들었다. 그녀는 카메라를 사 와서 자신의 침궁에서만이 아니라, 황제의 양심전養心殿이며 기타 자신이 늘 가던 곳에서 각종 자세를 취하고, 각양각색의 복장을 하여 사진을 찍었다. 그녀는 스스로 사진을 찍을 뿐 아니라 다른 사람도 찍어 주고 태감에게 사진 찍는 법을 가르치기도 했다. 그녀는 사진 찍는 것을 자신의 생활에서 큰 낙으로 삼았는데, 전해지는 말로는 그녀는 대戴씨 성 태감을 시켜서 동화문東華門 밖에 몰래 사진관을 차리기까지 했는데 자희가 이를 알고 사진관을 폐쇄시키고 대씨 태감은 때려 죽였다고 한다.

진비는 예쁜 것을 매우 좋아해서 화장하기를 좋아했는데, 특히 남장하기를 좋아했다. 그녀는 몰래 태감의 복장을 하여 황제가 상주문들을 검토할 때 함께하였으며, 어떤 때는 광서황제의 용포를 입기도 하여 자희가 이를 알고는 매우 화냈다.

동시에 진비는 아첨하거나, 권세 있는 사람들과 어울리기를 좋아하지 아니하였다. 황후는 자희의 외조카인데도 진비는 그녀와 어울리고 잘 지낼 생각을 애당초 하지 않았다. 총명하고 영리한 진비는 오히려 늘 황후를 비하하여 황후로 하여금 심히 견디기 어렵게 했다. 이련영李蓮英은 자희의 측근 태감으로 세도가 대단하여 왕공대신들도 감히 그를 건드리지 못할 뿐 아니라, 그와 어울리고 뇌물을 갖다 바치고자 했다. 그러나 진비만은 그를 인정하지 않고, 여러 번 그와 충돌했다.

광서황제의 눈에는 이러한 진비의 격을 벗어난 여러 가지 거동이 오히려 유별난 멋이 되어 그에 깊이 빠져들게 하는 매력이었다. 그러나 자희태후와 황후의 눈에는 진비는 반역이며 별종으로, 이를 갈고 미워하게 되었다. 결국 어느 날, 자희는 진비의 흠을 잡아내어 여러 사람들이 보는 앞에 그녀의 옷을 벗기고 곤장에 처했다.

곤장을 치는 것은 매우 엄한 징벌로서 후궁에서는 좀처럼 사용되지 않았다. 자희가 진비에게 이런 식의 징벌을 가한 것은 그녀로서는 가슴에 응어리진 증오심을 한번 해소한 것이라 할 수 있었다. 그러나 가련한 진비는 정신이 온전하지 못하게 되어 늘 팔다리가 실룩거리는 상태가 되어 수개월이 지나서야 겨우 회복되었다.

그렇다고 이 한 번의 징벌이 진비의 본성을 개조하지는 못했다. 오래지 않아 유신변법維新變法이 시작되었는데, 진비는 광서제의 변법을 지지할 뿐 아니라 그들을 도와서 서신을 보내기까지 했다. 그녀는 측근 태감을 통하여 교묘하게 궁 안의 기밀과 상황을 그녀의 큰 오빠에게 통보하여, 그로 하여금 유신당 사람들에게 전하게 하여 그들로 하여금 궁내의 상황을 적시에 알고 대책을 세우도록 했다.

그러나 유신변법은 불과 103일 만에 탄압되어 끝나 버렸다. 자희는 광서제를 중남해中南海의 영대瀛臺에 연금하고, 진비를 불러서 여러 사람이 보는 앞에서 다시 한바탕 모질게 때린 후 냉궁에 유폐하였다.

냉궁에서 진비의 생활은 참으로 비참하여 의복은 더럽고 헤졌으며, 온몸에는 이가 가득했으니 보이기가 거지와 다를 게 없었다. 냉궁을 지키는 태감들은 모두 자희의 측근으로 이들은 수시로 마구 그녀를 욕하고 나무랐다.

진비는 냉궁에서 2년여를 완강하게 견뎠는데, 그것은 그녀가 언젠가는 광서황제가 조정을 장악할 것이라는 희망을 갖고 있었기 때문이다.

진비가 냉궁에서 고난을 당하고 있을 때, 8국 연합군이 북경으로 쳐들어왔고 자희는 광서제를 데리고 서안西安으로 달아나기로 결정했다.

달아나던 그날, 모두들 평범한 의복으로 갈아입고 수령궁壽寧宮에 집결했으며 인솔 태감 최옥귀崔玉貴와 왕덕환王德環은 자희의 명령을 받들어 진비를 낙수당樂壽堂의 이화헌頤和軒으로 데려왔다. 진비는 어깨에까지 닿는 산발을 하고 치파오를 입은 모습이었다.

긴급한 상황에서 자희는 단도직입적으로 말했다. "지금 서양인들이 북경성에까지 이르렀으니 긴급히 피난하는 것이 중요하다. 나는 황제와 황후를 데리고 서안으로 갈 테니 후궁, 비빈들은 모두 북경에 남아 있도록 하라."

진비는 듣더니, 격분하여 급하게 말했다. "지금 국난이 코앞에 닥쳤는데, 황상께서 어찌 수도를 떠나신단 말씀입니까. 저는 떠나지 않을 것이니, 폐하께서도 북경을 떠나시면 안 됩니다."

자희가 듣고는 화를 냈다. "이 상황에 네가 그래도 나에게 이런 쓸데없는 말을 하겠다는 게냐?" 말을 마치고는 고개를 돌려서 가버리자, 좌우의 태감들도 황급히 따라갔다.

진비는 뛰어가 자희의 소매를 잡으며 말했다. "저는 광서황제의 비입니다. 어찌 따라가지 않을 수 있단 말입니까? 태후께서 편견을 가지시고 황후는 질녀니까 데려가신다는 것 아닙니까? 저도 데려가 주십시오."

자희태후는 화가 나서 얼굴이 하얗게 질리고, 부들부들 떨었다. 자희는 체면을 매우 중시하는 사람이라 화가 날대로 나서 뿌리치고 가버렸다.

진비는 계속 태후를 따라가면서 자기 말을 하다가 얼마 후 자신의 거처에서 멀지 않은 곳에 다다랐는데, 거기서 그녀는 한 우물을 보았다.

진비는 계속 자희태후에게 말했다. "저는 광서제의 비이니, 폐하와 함께할 것이며, 함께하지 않는다면 차라리 죽겠습니다. 살아서는 황실의 사람이며, 죽어서는 황실의 귀신이 될 것입니다."

자희태후가 들으니 더욱 화가 났다. 그렇지 않아도 눈썹이 타 들어가는 화급한 상황인데 어디 입씨름이나 할 시간이 있단 말인가? 그래서 그녀는 진비에게 바로 말했다. "죽으려면 죽어라."

옆에 있던 광서제가 더는 참지 못하고 꿇어앉아서 진비도 데려가자고 자희에게 애걸했다. 자희는 숨이 넘어갈 정도로 화가 나서 대성일갈했다. "일어나라. 지금 사정을 이야기할 때가 아니다. 그년이 죽으려면 죽게 해서 불효한 자손들에게 본보기를 보이고, 그놈들이 커서 어미를 감히 어떻게 대할지 보자."

당시 우물은 말하는 곳에서부터 멀지 않은 곳에 있었는데, 진비는 바로 두어 걸음 걸어서 우물가에 서서 말했다. "이왕 이리 되었으니 내가 당신을 위해 죽어 주리다." 그리고는 다시 거기 꿇어 앉아 있는 광서제를 바라보고는 유유히 한마디 남겼다. "폐하, 다음 세상에서 보은하겠습니다." 그리고는 우물 속으로 뛰어들었다.

광서는 눈앞에 자신의 처가 죽어 가는 것을 보고 비통함을 금치 못하여 그대로 혼절하고 말았다.

1902년, 이홍장이 청 정부를 대표하여 8개국 연합군과 매국의 신축조약辛丑條約을 체결한 다음 자희는 서안으로부터 북경의 자금성으로 돌아왔다. 광서제가 자금성으로 돌아와서 제일 먼저 한 일은 우물 속의 진비를 건져서 장례를 치른 것이다. 광서는 비통한 가운데 어명을 내려서 진비를 귀비로 추봉했다.

자희의 죽음 : 慈禧之死

광서는 어릴 때부터 몸이 약하여 병이 많았다. 어른이 되어서는 비록 황제가 되었으나, 스스로 실권을 장악하지 못하여 종일토록 답답하며 즐겁지가 않았다. 진비가 죽은 후 광서제의 정신도 무너져 내려 병세가 갈수록 심해지더니, 더 이상 희망이 없어졌다.

자희는 수많은 의사들을 물러서 광서의 병을 보게 하였으나 정신적으로 무너져 내린 광서제에게는 백약이 무효였다. 어의로서 안되니 자희는 다시 천하의 명의를 모두 불러 그의 병을 보게 했는데 이에는 당시 강소성의 명의 두종준杜鐘駿도 포함되어 있었으나 아무런 소용이 없었다.

9월이 되자, 광서제의 병세는 더욱 위중해져서 내장 기능이 모두 상실되니, 죽음은 이제 조석간의 일이었다.

10월 중순, 광서의 병정은 위급한 단계가 되어 폐염과 폐기능 부전증을 보이기 시작했다. 17일, 주경도周景濤, 여용빈呂用賓 등 몇 명의 어의들은 회의를 열어 광서제는 이미 극도로 쇠약해졌으며 원기가 크게 손상되어 위중한 상태라는 데 의견을 같이 했다. 그들은 몰래 대신들에게 말했다. "이 병세로 보아 나흘 이내에 생명이 위험해질 것이 틀림없습니다."

20일, 광서제는 겨우 눈만 뜰 수 있을 뿐 입으로는 침을 흘리고, 가볍게 몸을 떨었다. 그날 밤 광서제는 임종상태에 들어가 신체가 식어가면서 흰자위가 위로 들리고, 이빨이 굳게 닫히며, 의식이 혼미해졌다.

21일 정오, 고난의 길을 걸어 온 이 황제는 세상과 영원히 작별했다.

자희는 광서제가 서거했다는 소식을 들을 당시 침궁에서 낮잠을 자고 있었다. 이때 젊은 태감이 황망히 뛰어들었다. "황후마마 큰 일 났습니다. 황제, 황상 폐하께서 돌아가셨습니다.!"

자희는 듣더니 묵묵히 일어나 앉는 것이 마치 예상한 일이라도 되는 듯 했다. "웬 난리인가. 가, 가서 이군小李子을 불러와."

이홍장李鴻章이 오자, 자희는 그 다음날 광서제의 장례를 치를 일을 안배하기 시작했다.

그 다음날 아침 6시, 자희는 다시 전과 같이 군기대신을 소집해서 접견했다. 회의에 올 사람이 다 온 것을 보고 자희는 이전과 마찬가지로 크고 윤기 있는 힘찬 목소리로 말했다. "지금 황상이 이미 안 계시니, 황위 계승자를 정할 때가 되었소."

그런 다음 다시 제2차 수렴청정 때와 같은 강경한 태도로 말했다. "내 뜻은 이미 정했는데, 다만 여러분들과 상의하고자 하는 것이오."

이때, 어떤 대신들은 기타 관리들의 임면에 대해 말하기도 했으나 자희는 말했다. "이전에 내가 영록榮祿의 여식을 순왕醇王에게 시집보내도록 허가하면서, 그때 이미 정하기를 그 아이가 아들을 낳으면 그 아들을 후일 황위 계승자로 하여 영록의 조정에 대한 한평생의 공로에 보답하기로 했었다. 오늘 바로 순왕의 아들을 황위 계승자로 세우고 순왕을 섭정왕攝政王으로 하노라." 이 어린 황제가 바로 청의 마지막 황제 부의溥儀이다.

황위계승자를 세우는 일까지 마치고 나니 이미 정오가 되었고, 이때 자희는 비로소 앉아서 뭘 좀 먹었다. 점심밥을 먹고 자희는 광서제의 침궁을 살펴보고 싶었는데 뜻밖에도 막 일어서자 눈앞이 어지러워지면서 의식이 가물가물해지더니 앞이 깜깜해져서 아무 것도 알 수가 없었다.

자희가 다시 깨어난 것은 한 시진時辰*이나 지나서였는데, 온몸에 힘이 없고, 불길한 예감이 엄습해 왔다. 이런 유의 느낌은 일찍이 자신의 친아들 동치제가 세상을 떠날 때도 없었던 것이었으니, 자희는 이제 자신이 갈 때가 되었다고 직감했다.

그리하여 자희는 황후, 이홍장 및 대신들을 불러서 냉정하게 자신의 후사를 안배했다. 어의가 그녀의 생명을 살리기 위해 모든 수를 다 썼지만 아무 효력이 없었다. 대략 오후 1시 45분경 74세의 자희는 자신의 인생역정을 마쳤다.

아침 일찍 조정 일을 시키고 처리할 수 있었던 자희가 오후에는 돌연히 죽었으니, 참으로 기이한 일이었다. 자희의 진짜 사인은 무엇이었던가? 혹시 자희가 일찍이 불치의 병을 갖고 있으면서 이를 숨기고 있다가, 광서제가 죽은 다음 그 타격을 견디지 못하고 병이 도져서 돌연사한 것은 아닐는지?

자희는 줄곧 매우 건강했으며, 다만 만년에 이르러 두 가지 병이

---

* 하루를 열두 시진으로 나누었으므로 오늘날의 두 시간에 해당한다.

있었는데 하나는 해소咳嗽고, 하나는 설사였다. 74세가 되었을 때 즉 그녀가 죽던 바로 그해에 자희의 설사는 이미 위중한 상태였으나, 그녀는 이를 대단하게 여기지 않았다.

권력을 목숨처럼 좋아하던 자희는 권력을 다른 사람에게 주려 하지 않았고, 이때까지도 여전히 권력을 장악하고 있었다. 자희의 이 병은 나아지지는 않았지만 줄곧 악화되지도 않고 지나갔는데, 한 가지 일이 있어서 자희의 병세를 중하게 한 것이다.

10월 10일 광서제가 돌아가기 10일 전, 바로 자희의 74회 생일에 황태후의 생일을 치른다고 행사도 매우 융숭하고 거창하게 했다. 10월 10일, 11일 양일간 자희는 낮에는 각종 행사장에서 예를 받고, 밤에는 각종 연회에 나갔다. 본래 복통 설사가 있는 그녀가 다시 기름진 음식을 먹었으니, 필히 그녀의 병세를 극도로 악화시켰으리라.

자희는 원래 희곡광으로, 10일부터 15일까지 연이어 6일 동안, 밤마다 대형 희곡을 준비해 두었다. 그러나 이즈음 몸이 특별히 좋지 않던 74세의 자희가 6일이나 밤을 새워서 희곡을 보고 매우 늦은 시간에 의난전儀鸞殿에 돌아가 쉬게 되니, 그녀로서는 체력을 크게 소모한 것이었다.

여러 날에 걸친 피로가 쌓여 신체를 허약하게 하였으니, 이때의 자희의 몸 상태는 이미 매우 좋지 않았던 것이다. 10월 19일 전후로 자희는 이미 잘 먹지도 못했다. 10월 20일 당일, 그녀는 거의 아무 것도 먹지 못했다.

10월 20일 광서제가 돌아가던 날, 자희는 한편으로는 광서제의 후사를 처리하는 일로 인해 안팎으로 바빴고 한편으로는 휴식을 취하지 못한 결과 심신의 피로가 과도하게 누적되어 순식간에 죽게 되었던 것이다.

자희가 죽은 후 청조도 순식간에 몰락의 길을 걸어갔다. 권력을 목숨처럼 좋아하던 이 여인은 74년의 생애에서 48년간 대청 왕조의 최고 통치자로서 권력을 장악했다. 이 48년간 그녀가 일으킨 정치적인 위난이며, 그녀가 모면해 간 정치적 위기는 그 수를 헤아릴 수 없었다. 그녀는 두 번이나 황실의 주인을 정하고, 두 번의 정변을 일으켰으며, 두 번의 수렴청정을 하면서 그때마다 권력의 정상에 다시 섰다.

| 역자 후기

  법률가로서 중국과 중국법에 관심을 가지고, 대륙을 내왕한지 10여 년, 중국어 교재로부터 법률서적과 소설 등 많은 중국 서적을 읽으면서 업무와 일상사에 임하던 중 이 책을 만나게 되었다.
  내용이 너무 재미있을 뿐 아니라 풍부한 역사적인 지식을 전달할 수 있는 것이어서 읽은 후 한국의 독자들에게 이를 소개할 욕심을 가지게 되었고, 저작권을 가진 출판사와 미팅을 가지고 인하대학교 문과대학 학장이자 '문학과 지성사'의 대표이사인 홍정선 교수님으로부터 '글누림출판사'의 최종숙 대표를 소개 받아 출판을 부탁하여 오늘 이 책의 출판에 이르게 되었다.
  책 내용을 보면, 항우가 자신의 처인 여치(후일의 여태후)를 팽살하겠다고 위협했을 때 "잘 알아들었으니 죽일려면 죽이시고, 편한대로 하시오."라고 응수하고, 다시 자신의 부친 유태공을 팽살하겠다고 협박하자 "그대와 나는 일찍이 의형제를 맺었으니, 나의 아버지는 곧 그대의 아버지라, 그대 만약 아버지를 삶아 먹을 생각이라면 잊지 말고 나에게도 그렇게 만든 스프 한 그릇 나눠 주게"라고 딴청을 부린 유방의 엉뚱함과 배포, 측천무후 시절 혹리들 사이에 서로 고문하고 죽이는 과정에서 나타난 "그대 독에 들어가시게(請君入甕)"와 같은 촌철살인의 한마디, 사랑하는 여인 진원원을 이자성의 부장이 데려 갔다는 한마디에 격노하여 한순간에 역사를 바꾸는 결정을 내린 오삼계의 "관을 찌른 한바탕 분노(沖冠一怒)" 등 곳곳에 포복졸도할 재미와 놀라움이 가득하며, 왕소군의 원사(怨詞)에는 중원을 떠나 오랑캐 땅으로 시집가는 왕소군의 애절한 심정이 절절이 배어있고, 양귀비를 노래한 이백의 〈청평조사(淸平調詞)〉, "여지가 오는 것을(荔枝來)"로 마치는 두목(杜牧)의 시, 양귀비 자신이 쓴 〈장운용에게 주는 춤(贈張雲容舞)〉 등 시(詩)들에서는 절묘한 언어의 유희를 맛볼 수 있다.

한 가지 덧붙일 것은 이 책의 자매서로 동시에 출간된 책이 "중국역사상의 10대 제왕"인데, 두 책을 서로 다른 저자가 저술하였으되 시대적으로 겹쳐지는 부분, 예컨대 한고조 유방 시절, 명말 청초를 지내면서 청대 강희제에 이르러 멸문의 화를 입게 되는 오삼계의 행적 등 역사적인 사실은 정확히 일치한다는 것이다.

편집을 기획한 출판사에서 서문으로 밝힌 것처럼, 이 책은 그야 말로 걸출한 인물들의 전설적인 행적과 삶의 기록을 역사적인 사실에 부합하게 예술적으로 표현했던 것이다.

독자 여러분에게 책 읽는 재미와 동시에 역사적 지식의 편린을 제공하는데 부족함이 없으리라 생각한다.

치송출판사의 구읍홍(裘挹紅) 여사를 만나 왜 좀 더 풍부한 내용으로 좀 더 긴 문장으로 편집하지 않았는지를 물었을 때, 그녀는 현재의 중국인들이 이 정도 이상의 분량이면 지루함을 느끼고 잘 읽으려 하지 않으므로, 내용을 최대한 축약하였다고 했다. 이 또한 독자들의 심사를 세심하게 고려한 것으로 오늘날 우리나라 독자들의 취향도 이와 같지 않은가 생각되었다.

나는 전문적인 번역인이 아닐뿐더러, 중국어를 전공한 문학도도 아닙니다. 다만, 언어는 문화이며, 그 언어에 녹아 있는 그 나라, 그 지방의 인심과 정서를 이해한다면 그 뜻을 정확히 전달할 수 있으며, 번역의 왕도는 직역이라고 믿고 이를 실천하려 했다.

이 책에서 많은 시와 고사성어가 나오지만 대부분은 직역하려고 애썼고, 그 결과 다소 문장이 딱딱해 지긴 했지만 그래도 최대한 원문의 뜻을 충실히 전달하였다고 자부한다.

시와 많은 고사성어는 그 원어를 모두 실었으므로, 중국어와 중국 문학을 이해하는 많은 독자들이 혜안으로 음미하고, 부족한 부분에 대해 가르침을 내려 주셨으면 하며, 강호제현의 가르침이 있어 다시 탈고할 기회가 있으면 적당한 시기에 한중 대역본으로 중문학도들에게 재미 있는 교재로 제공할 수 있으리라고 생각한다.

끝으로 치송출판사와의 만남을 주선해 주었던 대외경제무역대학의 최옥산 교수와 중문학자도 아닌 필자를 믿고 이 원고의 출판을 결심해 준 글누림출판사의 최종숙 대표와 꼼꼼하게 편집을 마쳐 주었던 이태곤 기획편집부 본부장과 난해한 한시의 해석을 도와주었던 경인법무법인 천진 사무실의 조청(趙靑) 변호사, 바쁜 일상의 업무 중에 짬을 내어 초벌 및 마무리 교정을 맡아 주었던 경인법무법인 인천 본부의 임양희 양에게 고마운 정을 전한다.

2011년 새해를 맞이하며
역자 이덕모

저자·역자 소개

저자 장숙연

저자는 이 책을 통해 역사적으로 널리 이야기가 전해져 오는 인물들을 골라서, 그들의 전설적인 행적과 삶의 기록을 역사적인 사실에 부합하게 예술적으로 표현하고자 했다. 1982년 4월 출생했으며, 2008년 화동 이공대학 사회학과를 졸업했다. 현재 광주의 한 신문사에 근무하고 있으며, 10여 편의 글을 발표했다.

역자 이덕모

법률가로서 중국과 중국법에 관심을 가지고 있으며, 10여 년 동안 중국 대륙을 오가며, 중국어 교재로부터 법률서적, 소설 등 많은 중국 서적을 읽었다. 이와 같은 관심과 열정으로 본연의 업무와 병행하여 중국 문화, 예술 도서의 번역에도 힘쓰고 있다. 경북고등학교와 서울대학교를 졸업하였으며, 사법연수원을 수료한 후 검사로 재직하였다. 인천지방변호사회 부회장, 17대 국회의원으로 의정활동을 수행하였으며, 현재는 중국 북경잉커(천진)법률사무소(北京盈科(天津)律師事務所) 한국부 특별고문과 경인법무법인 대표변호사로 일하고 있다.

중국을 뒤흔든 불멸의 여인들 2
- 중국 역사상의 10대 여성
(원제: 中國歷史上的 十代女性)

초판 1쇄 발행 2011년 2월 10일
초판 2쇄 발행 2011년 5월 30일

저　　자 장숙연
역　　자 이덕모
펴 낸 이 최종숙
펴 낸 곳 글누림출판사

책임편집 이태곤
편　　집 임애정 오수경
디 자 인 안혜진
마 케 팅 문택주

주　　소 서울시 서초구 반포 4동 577-25 문창빌딩 2층(137-807)
전　　화 02-3409-2055(대표), 2058(영업), 2060(편집)
팩　　스 02-3409-2059
홈페이지 www.geulnurim.co.kr
전자메일 nurim3888@hanmail.net
등록번호 제303-2005-000038호(2005.10.5)

ISBN 978-89-6327-110-1 04910
　　　978-89-6327-108-8(전2권)

정가 10,000원

* 잘못된 책은 바꿔드립니다.